NIEZBĘDNA KSIĄŻKA KUCHARSKA Z SŁODKIEGO ZIEMNIAKA

100 pysznych przepisów na pożywne i wszechstronne słodkie ziemniaki

Weronika Nowakowska

Materiały chronione prawami autorskimi ©2023

Wszelkie prawa zastrzeżone

Żadna część tej książki nie może być używana ani przekazywana w jakiejkolwiek formie i w jakikolwiek sposób bez odpowiedniej pisemnej zgody wydawcy i właściciela praw autorskich, z wyjątkiem krótkich cytatów użytych w recenzji. Tej książki nie należy traktować jako substytutu porady medycznej, prawnej ani innej profesjonalnej porady.

SPIS TREŚCI

SPIS TREŚCI 3
WSTĘP 7
ŚNIADANIE 8
   1. Pikantna południowo-zachodnia miska śniadaniowa 9
   2. Czekoladowy Wafel Lodowy 11
   3. Patelnia Śniadaniowa 14
   4. Patelnia z jajkiem ze słodkich ziemniaków 16
   5. Jajka W Gniazdach 18
   6. Hasz z grilla 20
   7. Wafle Bourbon ze słodkich ziemniaków i pekanów 22
   8. Waflowe gnocchi z batatów 25
   9. Tosty ze słodkich ziemniaków 28
   10. Śniadanie batat z jogurtem z hibiskusa 30
   11. Kiełbasa-Słodki Ziemniak Hasz i Jajka 33
   12. Patelnia ze słodkich ziemniaków i jajek 35
   13. Smażone placki ziemniaczane ze słodkich ziemniaków ... 37
   14. Omlet z kozim serem, słodkim ziemniakiem i grzankami ... 39

PRZYSTAWKI 42
   15. Słodkie ziemniaki i jabłka w rumie 43
   16. Nadziewane Słodkie Ziemniaki 45
   17. Faszerowane słodkie ziemniaki na rukoli 47
   18. Chile Anchos Rellenos 49
   19. Tacos Tinga ze słodkich ziemniaków i marchwi 52
   20. Pieczone Korzenie Pizza 54
   21. Placki ze słodkich ziemniaków 57
   22. Daigaku imo 59
   23. Ukąszenia muffinek z komosy ryżowej 61
   24. Kotleciki z Kurkumy ze Słodkiego Ziemniaka 63
   25. Nachos ze słodkich ziemniaków 66

26. Ukąszenia ze słodkich ziemniaków Marshmallow 68
27. Ceviche Peruano 70
28. Imbirowe placki z batatów 72

BURGERY, WRAPY I KANAPKI 74

29. Burger z komosy ryżowej i słodkich ziemniaków 75
30. Burgery z soczewicy i ryżu 78
31. Pikantne taquito ze słodkich ziemniaków i czarnej fasoli 80

DANIE GŁÓWNE 83

32. Pikantne Ćwiartki Kurczaka Ze Słodkiego Ziemniaka 84
33. Czosnkowe Florenckie Słodkie Ziemniaki 87
34. Risotto z zieloną fasolką i słodkimi ziemniakami 89
35. Pieczony łosoś i słodkie ziemniaki 91
36. Łosoś Teriyaki Z Warzywami 94
37. Łosoś ze słodkimi ziemniakami i fasolą 97
38. Dorsz na parze Matcha 99
39. Zapiekanka z pianki marshmallow ze słodkich ziemniaków 101
40. Pieczona na zimno kaczka z warzywami 103
41. Buffalo Tempeh Harvest Bowls 105

ZUPY I CURRIE 108

42. Zupa Z Kurczaka 109
43. Tajska Flądra Kokosowo-Curry 111
44. Zupa marchewkowo-imbirowa Crockpot 114
45. Zupa Bulionowa 116
46. Soczewica Curry Z Batatami I Ciecierzycą 119
47. Meksykańska Zupa Z Wołowiny I Słodkich Ziemniaków 121
48. Zupa ze słodkich ziemniaków i tequili 124
49. Gulasz z czerwonej fasoli z Jamajki 126
50. Rosół 128
51. Zupa kukurydziana 131

52. Zupa Warzywna z Łososiem 134
53. Gulasz z żubra i warzyw 136
54. Kokosowe Curry z Wołowiną 138
55. Zupa ze słodkich ziemniaków i dyni 140
56. Tajskie curry ze słodkich ziemniaków 143
57. Gorący garnek z tajskim curry 145
58. Pikantna zupa Cannellini z jarmużu 148
59. Gulasz Z Kurczaka Z Batatów 151
60. Gulasz z soczewicy ze słodkich ziemniaków 153
61. Zupa Callaloo 155
62. Gulasz Z Ciecierzycy ze Słodkich Ziemniaków 158
63. Kokosowe Curry Soczewica 160

MAKARON 163

64. Gnocchi z kasztanów i słodkich ziemniaków 164
65. Bucatini z pesto i słodkimi ziemniakami 168
66. Gnocchi z kasztanów i słodkich ziemniaków 171

BOKI 175

67. Słodkie ziemniaki z limonką i tequilą 176
68. Puree z boczku ze słodkich ziemniaków ... 178
69. Smażone Słodkie Ziemniaki Z Parmezanem 180
70. Słodkie ziemniaki z tamaryndą 182
71. Jesienne warzywa z grilla 184
72. Grillowane warzywa Chimichurri 186
73. Pieczone Czosnkowe Słodkie Ziemniaki ... 188
74. Słodkie ziemniaki glazurowane metodą sous vide 190
75. Boczek I Słodkie Ziemniaki 192
76. Mieszanka Ziemniaczana Gouda 194
77. Dwukolorowe Pieczone Słodkie Ziemniaki 196
78. Zapiekanka ze słodkich ziemniaków z chili 198

SAŁATKI 200

79. Sałatka z rukoli i słodkich ziemniaków 201
80. Sałatka Z Jesieni 203
81. Słodkie Ziemniaki I Brokuły Z Sosem Granatowym 205
82. Collard Zielona Sałatka Z Batatami 207
83. Sałatka ze słodkich ziemniaków z migdałami 209
84. Quinoa Sałatka Z Mango Z Puree Ziemniaczanym 211
85. Grillowana Sałatka Z Trzech Ziemniaków 213
86. Sałatka z pieczonych słodkich ziemniaków i szynki prosciutto 215
87. Sałatka Z Pieczonych Warzyw I Polenty 217
88. Pieczone Słodkie Ziemniaki I Świeże Figi 219
89. Sałatka Cezar z grzankami z batatów BBQ 221
90. Zielona sałatka ze słodkich ziemniaków i awokado 224

DESER 226

91. Ciasto Z Kurczaka Ze Słodkiego Ziemniaka 227
92. Kokosowy budyń ze słodkich ziemniaków 229
93. Ciasto ze słodkich ziemniaków 231
94. Tiramisu ze słodkich ziemniaków 233
95. Chleb wiśniowo-słodki 236
96. Babeczki z żurawiną i słodkimi ziemniakami 238
97. Pudding ze słodkich ziemniaków 240

NAPOJE 242

98. Sok Jabłkowy 243
99. Koktajl proteinowy z ciasta ze słodkich ziemniaków 245
100. Koktajl ze słodkich ziemniaków 247

WNIOSEK 249

WSTĘP

Słodkie ziemniaki to wszechstronne i pożywne warzywo korzeniowe, które można stosować w różnych potrawach, od słodkich po pikantne. Ta książka kucharska celebruje słodkie ziemniaki ze 100 pysznymi przepisami, które zachwycą Twoje kubki smakowe i odżywią Twoje ciało.

Niezależnie od tego, czy wolisz dania słodkie, czy pikantne, w tej książce kucharskiej każdy znajdzie coś dla siebie. Od naleśników i babeczek ze słodkich ziemniaków po zupy, gulasze i curry, ta książka kucharska zainspiruje Cię do odkrywania wielu sposobów włączania słodkich ziemniaków do posiłków.

Każdemu przepisowi towarzyszy kolorowy obraz, który sprawi, że pocieknie Ci ślinka i zainspiruje do wypróbowania nowych potraw. Przepisy są łatwe do wykonania, a instrukcje krok po kroku poprowadzą Cię przez proces gotowania.

Oprócz tego, że są pyszne, słodkie ziemniaki są również pełne składników odżywczych. Są doskonałym źródłem błonnika, witamin i minerałów, w tym witaminy A, witaminy C i potasu. Z tą książką kucharską możesz cieszyć się korzyściami zdrowotnymi słodkich ziemniaków, jednocześnie delektując się pysznymi posiłkami.

ŚNIADANIE

1. Pikantna południowo-zachodnia miska śniadaniowa

Tworzy: 2

SKŁADNIKI
- 2 słodkie ziemniaki, obrane i pokrojone w kostkę
- Oliwa z oliwek extra virgin, do skropienia
- Szczypta Sól i pieprz
- 1 łyżeczka chili w proszku
- 2 paski boczku z kurczaka
- ½ średniej żółtej cebuli, pokrojonej w kostkę
- ½ zielonej papryki, pokrojonej w kostkę
- ½ czerwonej papryki, pokrojonej w kostkę
- 1 papryczka jalapeño, pozbawiona nasion i pokrojona w kostkę
- 2-3 szklanki świeżego szpinaku
- 2 jajka
- 1 łyżeczka ghee
- 1 awokado, bez pestki i pokrojone w kostkę

INSTRUKCJE:
a) Rozgrzej piekarnik do 375 stopni F.
b) Ułóż słodkie ziemniaki na blasze do pieczenia i polej odrobiną oliwy z oliwek.
c) Doprawiamy solą, pieprzem i chili w proszku.
d) Piecz przez 20 minut, obracając raz.
e) Ugotuj boczek z kurczaka na patelni; odłożyć na bok.
f) Dodaj paprykę, cebulę i jalapeño na patelnię; smażyć przez 6 minut.
g) Dodaj szpinak i dobrze gotuj.
h) Na innej patelni rozpuść ghee.
i) Jajka ugotować, doprawić solą i pieprzem.
j) Podawaj słodkie ziemniaki i posyp je mieszanką warzyw, a następnie jajkiem, pokruszonym boczkiem z kurczaka i awokado.

2. Czekoladowy Wafel Lodowy

4 PORCJI

SKŁADNIKI

- 1 szklanka gotowanych słodkich ziemniaków (około 1 dużego batata)
- 1½ filiżanki mąki uniwersalnej
- 2 łyżki brązowego cukru
- 1 ½ łyżeczki proszku do pieczenia
- ½ łyżeczki soli koszernej
- ¼ łyżeczki sody oczyszczonej
- 1 szklanka maślanki
- 2 duże jajka
- ½ szklanki orzechów pekan
- 2 łyżki masła niesolonego, stopionego
- 1 Łyżka Jasnobrązowego Cukru
- Syrop Bourbon:
- 1 szklanka czystego syropu klonowego
- 2 łyżki niesolonego masła 2 łyżki burbona

Kierunki

a) W średniej misce wymieszaj mąkę, cukier, kakao, proszek do pieczenia i sól. W małym rondelku na średnim ogniu rozpuść masło i czekoladę i odstaw do lekkiego ostygnięcia.

b) Wmieszać roztopione masło i czekoladę do mąki, dodać mleko, ekstrakt waniliowy i żółtka.

c) W czystej, średniej misce energicznie ubij białka, aż osiągną miękkie szczyty. Wybrać 1/3 ubitych białek i delikatnie wymieszać z ciastem na gofry, uważając, aby białka nie straciły powietrza.

d) Kontynuuj z pozostałą białą 1/3 na raz.

e) Włącz gofrownicę i rozgrzej ją, aż ikona płomienia przestanie migać. Następnie posmarować roztopionym masłem lub spryskać sprayem do pieczenia.

f) Wlej około ½ szklanki ciasta na środek gofrownicy i zamknij górę.

g) Po zamknięciu pokrywy odwróć gofrownicę o 180° i gotuj przez około 2 minuty.

h) Po około dwóch minutach powinieneś mieć ładny złoty kolor. Jeśli chcesz zrobić to trochę więcej, zamknij górę i naciśnij przycisk „trochę więcej".

i) Przenieś na wyłożoną brzegami blachę do pieczenia z umieszczonym na wierzchu stojakiem do chłodzenia.

j) Trzymaj gofry w piekarniku nagrzanym do 250°, aby pozostały ciepłe.

k) Powtórz z pozostałym ciastem. Sposób podania: Umieść 2-3 gałki lodów na waflu i polej sosem czekoladowym, sosem karmelowym i bitą śmietaną.

3. Patelnia Śniadaniowa

Marka: 2

SKŁADNIKI:
- 1 duży lub 2 małe słodkie ziemniaki obrane i pokrojone w kostkę
- 1/2 szklanki zielonego pieprzu pokrojonego w kostkę
- 1/2 szklanki pokrojonej w kostkę cebuli
- 1/2 szklanki pieczarek pokrojonych w kostkę
- 1 pomidor rzymski pokrojony w kostkę
- 2 łyżki startego sera cheddar
- 2 jajka
- 2 łyżeczki oleju kokosowego
- 2 łyżeczki kminku
- Świeżo mielony czarny pieprz do smaku

Kierunki

a) Na blasze do pieczenia skropić olejem kostki słodkich ziemniaków, doprawić kminkiem i czarnym pieprzem i dobrze wymieszać.

b) Piecz przez 30 minut, aż będą rumiane i chrupiące.

c) Gdy ziemniaki będą mniej więcej w połowie pieczenia, rozgrzej oliwę z oliwek na patelni na średnim ogniu.

d) Podsmaż zieloną paprykę, cebulę i pieczarki.

e) Kiedy ziemniaki będą gotowe, dobrze wymieszaj z warzywami.

f) Zdjąć z ognia, dodać pomidory i odstawić. Posypać serem.

4. Patelnia z jajkiem ze słodkich ziemniaków

Porcje: 1

Składniki
- 1 funt słodkich ziemniaków, pokrojonych w kostkę
- 1/4 żółtej cebuli, pokrojonej w kostkę
- 1 duży ząbek czosnku, posiekany
- 1 łyżka oliwy z oliwek extra vergine
- 1/2 łyżeczki mielonej kolendry
- 1/4 łyżeczki soli
- 2 duże jajka
- 1 łyżeczka wędzonej papryki

Dodatki
- Brokuły Mikrogreeny
- Tosty Pepitas
- płatki czerwonej papryki

Kierunki

a) Na średnio-niskiej patelni rozgrzej patelnię 8-calową lub 10-calową.

b) Dodać cebulę i czosnek należy dodać po oliwie z oliwek.

c) Gotuj przez 4–5 minut lub do momentu, aż cebula będzie przezroczysta i pachnąca.

d) Dodaj słodkie ziemniaki i gotuj na wolnym ogniu, regularnie obracając, przez 12 do 15 minut lub do momentu, aż będą złociste i miękkie.

e) Po dodaniu przypraw i soli gotuj jeszcze przez minutę.

f) Zrób dwa zagłębienia w słodkich ziemniakach. Dodaj jajka i gotuj, aż białka się zetną, a żółtka osiągną pożądaną konsystencję, około 10 do 12 minut.

g) Przed podaniem udekoruj patelnię jajeczną mikrogreenami, prażonymi pepitami i płatkami czerwonej papryki.

5. Jajka W Gniazdach

Porcje: 6 porcji

SKŁADNIKI:
- 1 funt słodkich ziemniaków, obranych
- 2 łyżki oliwy z oliwek
- 1/4 łyżeczki soli, podzielone
- 1/4 łyżeczki czarnego pieprzu, podzielone
- 12 dużych jaj

INSTRUKCJE:
a) Rozgrzej piekarnik do 400 stopni Fahrenheita.
b) Za pomocą sprayu do gotowania pokryj tacę na muffinki na 12 filiżanek.
c) Używając tarki do pudełek, posiekaj ziemniaki i odłóż na bok. Na dużej patelni rozgrzej oliwę z oliwek na średnim ogniu. 1/8 łyżeczki soli, 1/8 łyżeczki pieprzu, pokrojone w kostkę słodkie ziemniaki
d) Gotuj ziemniaki do miękkości, około 5-6 minut. Zdjąć z ognia i odstawić, aż ostygnie na tyle, aby można było go użyć.
e) W każdym kubku na muffinki wciśnij 1/4 szklanki ugotowanych ziemniaków. Na dnie i po bokach foremki na muffinki mocno dociśnij.
f) Pokryj ziemniaki sprayem do gotowania i piecz przez 5-10 minut lub do momentu, aż boki delikatnie się zarumienią.
g) W każdym gnieździe ze słodkich ziemniaków rozbij jajko i dopraw pozostałą 1/8 łyżeczki soli i 1/8 łyżeczki pieprzu.
h) Piec przez 15-18 minut lub do momentu, aż białka i żółtka będą ugotowane do pożądanej konsystencji.
i) Odstawić na 5 minut do ostygnięcia przed wyjęciem z formy. Serwuj i baw się dobrze!

6. Hasz z grilla

Składnik

- 3 słodkie ziemniaki, obrane i pokrojone
- 1 (8 uncji) opakowanie tempeh, posiekane
- 1 cebula, drobno posiekana
- 1 czerwona papryka, drobno posiekana
- 1 łyżka kupionego w sklepie sosu barbecue
- 1 łyżeczka przyprawy Cajun
- ¼ szklanki posiekanej świeżej pietruszki
- 4 jajka Sos z ostrej papryki (opcjonalnie)

Kierunki

a) Podgrzej 3 łyżki oleju na dużej nieprzywierającej patelni na średnim ogniu. Dodaj słodkie ziemniaki i tempeh i gotuj, od czasu do czasu mieszając, przez 5 minut lub do momentu, aż mieszanina zacznie się brązowieć. Zmniejsz ciepło do średniego.

b) Dodać cebulę i paprykę i smażyć jeszcze 12 minut, pod koniec gotowania częściej mieszając, aż tempeh się zrumieni, a ziemniaki będą miękkie.

c) Dodaj sos barbecue, przyprawę Cajun i natkę pietruszki. Wymieszaj, aby połączyć, a następnie podziel na 4 talerze do serwowania.

d) Wytrzyj patelnię ręcznikiem papierowym. Zmniejsz ogień do średnio-niskiego i dodaj pozostałą 1 łyżkę oleju. Wbij jajka na patelnię i gotuj do pożądanego stopnia wysmażenia.

e) Wsuń jajko na każdą porcję haszyszu i podawaj od razu. W razie potrzeby podaj sos z ostrej papryki przy stole.

7. Wafle Bourbon ze słodkich ziemniaków i pekanów

4 PORCJI

SKŁADNIKI

- 2 ½ -3LBS łopatki wieprzowej do natarcia
- 2 łyżeczki chili w proszku
- 2 łyżeczki kminku w proszku
- 2 łyżeczki koszernej soli
- 1 łyżeczka papryki
- 1 łyżeczka czarnego pieprzu
- ½ łyżeczki czosnku w proszku
- ½ łyżeczki cebuli w proszku
- ½ ŁYŻECZKI Pieprz Cayenne

NA SOS BARBECUE:

- 1 duża cebula, posiekana
- 3 ząbki czosnku, posiekane
- 1 ½ szklanki ketchupu
- ½ szklanki brązowego cukru
- 2 łyżki octu jabłkowego
- 4 łyżeczki sosu worcestershire
- 1 łyżeczka pieprzu kajeńskiego
- 1 łyżeczka soli koszernej
- 1 łyżka burbona

Fo on gofry

- 1 ½ szklanki mąki uniwersalnej
- ¾ szklanki żółtej mąki kukurydzianej
- 1 łyżka cukru trzcinowego
- 2 łyżeczki proszku do pieczenia
- 1 łyżeczka sody oczyszczonej
- ½ łyżeczki soli koszernej
- 1½ szklanki maślanki
- 2 duże jajka
- 2 łyżki niesolonego masła, stopionego
- ¼ szklanki miodu

KIERUNKI

a) W średniej misce rozgnieść słodkiego ziemniaka widelcem, a następnie połączyć mąkę, brązowy cukier, proszek do pieczenia, sól i sodę oczyszczoną. Wmieszać maślankę, jajka i roztopione masło.

b) Mieszaj z roztopionym masłem, aż nie pozostaną suche plamy. Włącz gofrownicę i rozgrzej ją, aż ikona płomienia przestanie migać. Następnie posmarować roztopionym masłem lub spryskać sprayem do pieczenia.

c) Wlej około ½ szklanki ciasta na środek gofrownicy i zamknij górę. Po zamknięciu pokrywy odwróć gofrownicę o 180° i gotuj przez około 2 minuty. Po około dwóch minutach powinieneś mieć ładny złoty kolor. Jeśli chcesz zrobić to trochę więcej, zamknij górę i naciśnij przycisk „trochę więcej".

d) Przenieś na wyłożoną brzegami blachę do pieczenia z umieszczonym na wierzchu stojakiem do chłodzenia. Trzymaj gofry w piekarniku nagrzanym do 250°, aby pozostały ciepłe.

e) Powtórz z pozostałym ciastem. Podczas gdy gofry się gotują, w średnim rondlu na średnim ogniu wymieszaj syrop, masło, bourbon i brązowy cukier i zagotuj. Gotuj przez około 2 minuty.

f) Podawaj gofry z ciepłym syropem na wierzchu.

g) Resztki gofrów można zamrozić na okres do 3 miesięcy. Wlej dodatkowy syrop do butelki i przechowuj w lodówce do 1 miesiąca.

h) Podgrzać przed podaniem.

8. Waflowe gnocchi z batatów

Ilość porcji: 4 porcje (około 60 gnocchi)

SKŁADNIKI
- 1 duży ziemniak do pieczenia (taki jak rudy) i 1 duży słodki ziemniak (łącznie około 1½ funta)
- 1¼ szklanki mąki uniwersalnej plus więcej do posypania mąką powierzchni roboczej
- ½ szklanki startego parmezanu
- 1 łyżeczka soli
- ½ łyżeczki świeżo zmielonego czarnego pieprzu
- Odrobina startej gałki muszkatołowej (opcjonalnie)
- 1 duże jajko, ubite
- Nieprzywierający spray do gotowania lub roztopione masło
- Pesto lub Waflowy Sos Z Szałwii I Masła

INSTRUKCJE:
a) Rozgrzej piekarnik do 350 ° F.
b) Piecz ziemniaki, aż będą łatwe do przekłucia widelcem, około godziny. Poczekaj, aż ziemniaki nieco ostygną, a następnie obierz je.
c) Przepuść ziemniaki przez młynek do żywności lub praskę lub zetrzyj je na dużych oczkach tarki i przełóż do dużej miski.
d) Dodaj 1¼ szklanki mąki do ziemniaków i wymieszaj rękami, rozbijając po drodze wszelkie grudki ziemniaków. Posyp serem, solą, pieprzem i gałką muszkatołową ciasto i lekko ugniataj, aby równomiernie się rozprowadzić.
e) Po połączeniu mąki i ziemniaków zrób wgłębienie na środku miski i dodaj ubite jajko. Używając palców, wbij jajko w ciasto, aż zacznie się łączyć. Będzie lekko lepki.
f) Na lekko posypanej mąką powierzchni delikatnie zagnieść ciasto kilka razy, aby się połączyło. Powinno być wilgotne, ale nie mokre i lepkie. Jeśli jest zbyt lepkie, dodaj 1 łyżkę mąki na raz, do ¼ szklanki. Ciasto zwiń w rulon i pokrój na 4 części.

g) Zroluj każdy kawałek w linę o średnicy kciuka, a następnie ostrym nożem pokrój na 1-calowe segmenty.

h) Rozgrzej gofrownicę na średnim poziomie. Pokryj obie strony rusztu do gofrownicy sprayem zapobiegającym przywieraniu lub posmaruj ruszty silikonowym pędzelkiem do ciasta.

i) Zmniejsz piekarnik do najniższego poziomu i odłóż blachę do pieczenia, aby gotowe gnocchi były ciepłe.

j) Delikatnie strząśnij resztki mąki z gnocchi i umieść porcję na gofrownicy, zostawiając trochę miejsca, aby każdy mógł się rozwinąć. Zamknij pokrywkę i gotuj, aż znaki siatki na gnocchi będą złotobrązowe, 2 minuty.

k) Powtórz z pozostałymi gnocchi, utrzymując ciepłe gnocchi na blasze do pieczenia w piekarniku.

l) Podawać na gorąco z sosem pesto lub sosem z szałwii i masła.

9. Tosty ze słodkich ziemniaków

SKŁADNIKI:
- 2 duże słodkie ziemniaki, pokrojone w plastry.
- Plastry o grubości ¼ cala.
- 1 łyżka oleju z awokado.
- 1 łyżeczka soli ½ szklanki guacamole.
- ½ szklanki pomidorów, pokrojonych.

INSTRUKCJE:
a) Rozgrzej piekarnik do 425 ° F.
b) Przykryj blachę do pieczenia pergaminem.
c) Natrzyj plastry ziemniaków olejem i solą i umieść je na blasze do pieczenia. Piec przez 5 minut w piekarniku, następnie odwrócić i piec ponownie przez 5 minut.
d) Udekoruj upieczone plastry guacamole i pomidorami.

10. Śniadanie batat z jogurtem z hibiskusa

Tworzy: 2

SKŁADNIKI
- 2 fioletowe słodkie ziemniaki

NA GRANOLĘ:
- 2 ½ szklanki płatków owsianych
- 2 łyżeczki suszonej kurkumy
- 1 łyżeczka cynamonu
- 1 łyżka skórki cytrynowej
- ¼ szklanki miodu
- ¼ szklanki oleju słonecznikowego
- ½ szklanki pestek dyni
- odrobina soli

NA JOGURT:
- 1 szklanka zwykłego jogurtu greckiego
- 1 łyżeczka syropu klonowego
- 1 torebka herbaty z hibiskusa
- jadalne kwiaty do dekoracji

INSTRUKCJE
a) Rozgrzej piekarnik do 425 stopni i nakłuj ziemniaki widelcem.
b) Zawiń ziemniaki w folię aluminiową i piecz przez 45 minut do godziny.
c) Wyjmij z piekarnika i pozwól ostygnąć.

NA GRANOLĘ:
d) Zmniejsz temperaturę piekarnika do 250 stopni i wyłóż blachę do pieczenia papierem do pieczenia.
e) Połącz wszystkie składniki granoli w misce i mieszaj, aż wszystko pokryje się miodem i olejem.
f) Przełożyć na blachę wyłożoną papierem do pieczenia i rozprowadzić możliwie równomiernie.

g) Piecz przez 45 minut, mieszając co 15 minut lub do momentu, aż granola się zrumieni.

h) Wyjmij z piekarnika i pozwól ostygnąć.

NA JOGURT:

i) Zrób herbatę z hibiskusa zgodnie z instrukcją na torebce i odstaw do ostygnięcia.

j) W temperaturze pokojowej wymieszaj syrop klonowy i herbatę z jogurtem, aż uzyskasz gładką i kremową konsystencję z lekko różowym odcieniem.

ZŁOŻYĆ:

k) Pokrój ziemniaki na pół i posyp muesli, jogurtem smakowym i jadalnymi kwiatami do dekoracji.

11. Kiełbasa-Słodki Ziemniak Hasz i Jajka

Robi: 4

SKŁADNIKI:
- Jajka, duże 4
- Sól 1/4 łyżeczki
- Orzechy pekan (posiekane) 1/4 szklanki
- Zielona cebula (pokrojona w plasterki) 4
- Żurawina (suszona) 1/4 szklanki
- Jabłka Granny Smith, średnie (posiekane) 2
- Słodkie ziemniaki pokrojone w kostkę (obrane i 1/4-calowe kostki każda) 2 włoskie ogniwa kiełbasy z indyka (bez osłonek) 4 1/8 filiżanki

INSTRUKCJE:

a) Weź dużą patelnię pokrytą sprayem do gotowania, gotuj słodkie ziemniaki i kiełbaski na średnim ogniu przez 8 do 10 minut, aż kiełbasa nie będzie już różowa, rozbijając kiełbasę na kruszonkę.

b) Dodaj sól, orzechy pekan, żurawinę i jabłko, gotuj i mieszaj przez 4 do 6 minut, aż ziemniaki będą miękkie.

c) Zdejmij miksturę z patelni, posyp zieloną cebulką. Trzymaj ciepło.

d) Wytrzyj patelnię do czysta i użyj sprayu do gotowania, aby ponownie ją pokryć; umieść patelnię na średnim ogniu.

e) Wbij jajka na patelnię jedno po drugim. Zmniejsz płomień do niskiego poziomu. Gotuj, aż do uzyskania pożądanego stopnia wysmażenia. Obróć, gdy białka się zetną, jeśli wolisz.

f) Podawaj z haszyszem.

12. Patelnia ze słodkich ziemniaków i jajek

Robi: 4

SKŁADNIKI:
- Pieprz (grubo mielony) 1/8 łyżeczki
- Jajka, duże 4
- Szpinak baby (świeży) 2 szklanki
- Suszony tymianek 1/8 łyżeczki
- Sól (podzielona) 1/2 łyżeczki
- Ząbek czosnku (posiekany) 1
- Słodkie ziemniaki, średnie (rozdrobnione i pokrojone w kostkę) 4 szklanki
- Masło 2 łyżki

INSTRUKCJE:
a) Weź ciężką patelnię lub duże żeliwo.
b) Podgrzej w nim masło na małym ogniu.
c) Dodaj tymianek, 1/4 łyżeczki soli, czosnek i słodkie ziemniaki.
d) Przykryj i gotuj przez 4 do 5 minut, aż ziemniaki będą miękkie. Mieszaj okresowo.
e) Wymieszaj w nim szpinak i mieszaj przez 2 do 3 minut, aż zwiędnie.
f) Tylną częścią łyżki zrób cztery dołki w mieszance ziemniaków.
g) Wbij po jednym jajku do każdej studzienki.
h) Posypać pieprzem i solą, która pozostała na jajkach. Przykryj i gotuj przez 5 do 7 minut na średnim ogniu, aż białka całkowicie się zetną, a żółtko zacznie gęstnieć, ale upewnij się, że nie jest twarde.

13. Smażone placki ziemniaczane ze słodkich ziemniaków

Porcje: 8 porcji

SKŁADNIKI:
- ½ funta pokrojonego w kostkę boczku
- 1 szklanka posiekanej cebuli
- 1 sól; do smaku
- 1 świeżo zmielony czarny pieprz; do smaku
- 1 łyżka posiekanego czosnku
- 2 funty słodkich ziemniaków; obrane, starte

INSTRUKCJE:
a) Na dużej patelni usmaż boczek, aż będzie chrupiący, około 8 minut.
b) Dodaj cebulę. Dopraw solą i pieprzem.
c) Podsmaż cebulę do miękkości, około 2 minut.
d) Dodaj czosnek i słodkie ziemniaki. Dopraw solą i pieprzem.
e) Smażyć przez około 10 do 15 minut. Zdjąć z ognia i podawać na ciepło.

14. Omlet z kozim serem, słodkim ziemniakiem i grzankami

Porcje: 2 Porcje

SKŁADNIKI:
- 2 łyżki niesolonego masła
- 1 szklanka półcalowych kostek wiejskiego chleba
- 1 średni słodki ziemniak -; (około 1/2 funta)
- 1 mała czerwona cebula; pokrojony w cienkie plasterki
- 2 uncje miękkiego, łagodnego sera koziego; pokruszony
- 1 łyżeczka Zmielone świeże liście rozmarynu
- 5 dużych jaj
- Sól; do smaku
- Świeżo mielony czarny pieprz; do smaku

INSTRUKCJE:

a) Nagrzej piekarnik do 350 stopni. Na 8-calowej nieprzywierającej patelni rozpuść 1 łyżkę masła na umiarkowanym ogniu i w misce wymieszaj z kostkami chleba.

b) Na blasze do pieczenia opiekaj kostki chleba na środku piekarnika, aż będą bladozłote i chrupiące, około 10 minut, i przenieś do miski.

c) Obierz słodkiego ziemniaka i pokrój w ¼-calowe kostki. W parowarze ustawionym nad wrzącą wodą gotuj ziemniaki i cebulę do miękkości, około 4 minut, i wrzuć z grzankami. Schłodzić miksturę i wymieszać z kozim serem i rozmarynem. W misce wymieszaj jajka oraz sól i pieprz do smaku.

d) Na patelni podgrzej ½ łyżki masła na umiarkowanie dużym ogniu, aż piana opadnie. Wlej połowę jajek, przechylając patelnię, aby równomiernie rozprowadzić po dnie.

e) Gotuj omlet przez 1 minutę lub prawie do zestalenia, mieszając wierzchnią warstwę widelcem i potrząsając patelnią, pozwalając, aby surowe jajko spływało pod spód.

f) Połowę omletu posyp połową mieszanki grzanek i gotuj jeszcze 1 minutę lub do zestalenia. Złożyć omlet na nadzienie i przełożyć na talerz.

g) Utrzymuj omlet w cieple, przygotowując w ten sam sposób kolejny omlet z pozostałym masłem, jajkami i grzankami.

PRZYSTAWKI

15. Słodkie ziemniaki i jabłka w rumie

Robi: 6

SKŁADNIKI:
- ¼ łyżeczki czarnego pieprzu
- 3 słodkie ziemniaki wyszorowane i nakłute widelcem
- ½ łyżeczki mielonego cynamonu
- 1 łyżka octu jabłkowego
- ½ łyżeczki soli koszernej
- 2 łyżki ciemnego rumu
- 1 łyżka niesolonego masła

BYCZY
- 2 szklanki obranych i posiekanych jabłek Granny Smith
- Świeże liście szałwii
- 3 łyżki posiekanych orzechów pekan, uprażonych

INSTRUKCJE:

a) Połącz wszystkie składniki, z wyjątkiem polewy, w 6-kwartowym garnku.

b) Gotuj powoli, aż ziemniaki będą miękkie, około 6 godzin.

c) Ziemniaki wyjąć, przekroić wzdłuż na pół.

d) Na wierzchu jabłka, orzechy pekan i liście szałwii.

16. Nadziewane Słodkie Ziemniaki

Tworzy: 1

SKŁADNIKI:
- 1 szklanka wody
- 1 słodki ziemniak
- 1 łyżka czystego syropu klonowego
- 1 łyżka masła migdałowego
- 1 łyżka posiekanych pekanów
- 2 łyżki borówek
- 1 łyżeczka nasion chia
- 1 łyżeczka pasty curry

INSTRUKCJE:
a) Do garnka instant dodaj jedną filiżankę wody i stojak do gotowania na parze.
b) Zamknij pokrywkę i umieść słodkiego ziemniaka na ruszcie, upewniając się, że zawór spustowy znajduje się we właściwej pozycji.
c) Rozgrzej Instant Pot do wysokiego ciśnienia przez 15 minut w trybie ręcznym. Wytworzenie ciśnienia zajmie kilka minut.
d) Po wyłączeniu timera pozwól, aby ciśnienie spadało naturalnie przez 10 minut. Aby usunąć pozostałe ciśnienie, przekręć zawór spustowy.
e) Gdy zawór pływakowy opadnie, wyjmij słodkiego ziemniaka, otwierając pokrywę.
f) Gdy słodki ziemniak ostygnie na tyle, że można go przekroić na pół i rozgnieść miąższ widelcem.
g) Posyp orzechami pekan, jagodami i nasionami chia, a następnie skrop syropem klonowym i masłem migdałowym.

17. Faszerowane słodkie ziemniaki na rukoli

Tworzy: 1

SKŁADNIKI:
- ½ słodkiego ziemniaka, upieczonego
- 2 jajka
- ½ szklanki mikro rukoli, posiekanej
- Sól i pieprz
- Kropla oliwy z oliwek

INSTRUKCJE:

a) Lekko skropić zieleninę oliwą z oliwek i doprawić szczyptą soli.

b) Rozgrzej patelnię lub patelnię na średnim ogniu.

c) Gdy patelnia się rozgrzeje, dodaj oliwę z oliwek i smaż przez około 30 sekund przed dodaniem słodkiego ziemniaka.

d) Smaż, aż brzegi zaczną się rumienić, a następnie odwróć.

e) Zdejmij plastry słodkich ziemniaków z patelni i połóż je prosto na przygotowanej zieleninie.

f) Następnie na patelni rozbij dwa jajka.

g) W czasie gdy jajka się gotują dopraw je solą i pieprzem.

h) Aby uzyskać odrobinę dodatkowego smaku, posyp ziołami, takimi jak oregano lub tymianek, lub zmiażdżoną czerwoną paprykę.

i) Umieść jajka na plastrach słodkich ziemniaków.

j) Udekoruj zielenią, którą odłożyłeś.

18. Chile Anchos Rellenos

4 porcje

Składniki
Dla chilli
- 1 łyżka oleju
- 2 szklanki cienko pokrojonej białej cebuli
- 3 ząbki czosnku, obrane i rozgniecione
- 2 łyżki pasty z tamaryndowca rozpuszczone w 2 szklankach gorącej wody
- 1 szklanka melao (syropu trzcinowego) lub brązowego cukru
- 1/2 łyżeczki suszonych liści oregano
- 1/2 łyżeczki suszonego tymianku
- 1/2 łyżeczki soli
- 8 średnich i dużych papryczek ancho, przeciąć z jednej strony, usunąć nasiona

Do wypełnienia
- 4 filiżanki słodkich ziemniaków z pieczonym czosnkiem
- Pieczone marchewki
- 2 uncje koziego sera, startego
- Szczypta soli
- 2 łyżeczki oliwy z oliwek extra vergine

Kierunki

a) Przygotuj chili. Rozgrzej olej na małym lub średnim ogniu w średniej wielkości rondlu. Dodaj cebulę i smaż, aż się lekko zrumieni. Dodaj czosnek i smaż kolejną minutę.

b) Wymieszaj wodę o smaku tamaryndowca, melao, oregano, tymianek i sól.

c) Dodaj chili, przykryj i gotuj na wolnym ogniu przez 10 minut. Zdjąć patelnię z ognia, odkryć i ostudzić przez co najmniej 10 minut.

d) Zrób nadzienie. Podczas gdy chilli się chłodzi, połącz słodkie ziemniaki i/lub marchewkę z queso fresco lub panelą. Wymieszaj sól, olej i wymieszaj z warzywami.

e) Faszeruj i podawaj chili. Za pomocą dużej łyżki cedzakowej wyjąć papryczki na sitko i odcedzać przez 5 minut.

f) Ostrożnie wlej około 1/4 szklanki nadzienia do każdego chili i umieść 2 na każdym z czterech talerzy. Na każdą porcję nałóż odrobinę cebuli i posyp serem. Podawać w temperaturze pokojowej.

19. Tacos Tinga ze słodkich ziemniaków i marchwi

Całkowity czas-30 minut

Składniki
- 1/4 szklanki wody
- 1 szklanka Cienko pokrojonej białej cebuli
- 3 ząbki czosnku, posiekane
- 2 1/2 szklanki startego słodkiego ziemniaka
- 1 szklanka startej marchwi
- 1 puszka (14 uncji) Pomidory pokrojone w kostkę
- 1 łyżeczka. meksykańskie oregano (opcjonalnie)
- 2 papryczki chipotle w adobo
- 1/2 szklanki bulionu warzywnego
- 1 awokado, pokrojone
- 8 tortilli

Kierunki

a) Na dużej patelni do smażenia na średnim ogniu dodaj wodę i cebulę, gotuj przez 3-4 minuty, aż cebula będzie przezroczysta i miękka. Dodać czosnek i dalej smażyć mieszając przez 1 minutę.

b) Dodaj słodkiego ziemniaka i marchewkę na patelnię i gotuj przez 5 minut, często mieszając.

c) Sos:

d) Umieść pokrojone w kostkę pomidory, bulion warzywny, oregano i papryczki chipotle w blenderze i zmiksuj na gładką masę.

e) Dodaj sos chipotle-pomidorowy na patelnię i gotuj przez 10-12 minut, od czasu do czasu mieszając, aż słodkie ziemniaki i marchewka się ugotują. Jeśli to konieczne, dodaj więcej bulionu warzywnego na patelnię.

f) Podawaj na ciepłych tortillach i udekoruj plasterkami awokado.

20. Pieczone Korzenie Pizza

Składnik

- Uniwersalna mąka do oprószenia skórki do pizzy lub oliwa z oliwek do wysmarowania blachy do pizzy
- 1 domowe ciasto
- 1/2 dużej główki czosnku
- 1/2 małych słodkich ziemniaków, obranych, przekrojonych wzdłuż na pół i cienko pokrojonych
- 1/2 małej bulwy kopru włoskiego, przekrojonej na pół, przyciętej i cienko pokrojonej
- 1/2 małego pasternaku, obranego, przekrojonego wzdłuż na pół i cienko pokrojonego
- 1 łyżka oliwy z oliwek
- 1/2 łyżeczki soli
- 4 uncje (1/4 funta) mozzarelli, rozdrobnionej
- 1 uncja Parmigiany, drobno startej
- 1 łyżka octu balsamicznego o konsystencji syropu

KIERUNKI

a) Zawiń nieobrane ząbki czosnku w małą torebkę z folii aluminiowej i piecz lub grilluj bezpośrednio na ogniu przez 40 minut.

b) W międzyczasie wrzuć słodkie ziemniaki, koper włoski i pasternak do dużej miski z oliwą z oliwek i solą.

c) Wlej zawartość miski na dużą blachę do pieczenia.

d) Umieść w piekarniku lub na nieogrzewanej części grilla i piecz, obracając od czasu do czasu, aż będą miękkie i słodkie, 15 do 20 minut.

e) Przenieś czosnek na deskę do krojenia, otwórz opakowanie, uważając na parę.

f) Zwiększ temperaturę piekarnika lub grilla gazowego do 450°F.

g) Rozłóż pokrojoną mozzarellę na przygotowaną skórkę, pozostawiając 1/2-calową krawędź na krawędzi. Posyp ser wszystkimi warzywami, wyciśnij papkowaty, miękki czosnek z papierowych łusek i ułóż na cieście. Posyp tartym Parmigianą.

h)

i) Przesuń pizzę ze skórki na gorący kamień lub umieść pizzę na tacy lub blasze do pieczenia w piekarniku lub na nieogrzewanej części grilla. Piecz lub grilluj z zamkniętą pokrywą, aż skórka stanie się złocistobrązowa, a nawet nieco ściemniająca od spodu, aż ser się roztopi i zacznie brązowieć, od 16 do minut. W ciągu pierwszych 10 minut na świeżym cieście mogą pojawić się pęcherzyki powietrza; zwłaszcza na krawędzi, rozbij je widelcem, aby zapewnić równą skórkę.

j) Wsuń skórkę z powrotem pod skórkę, aby zdjąć ją z gorącego kamienia lub przenieś pizzę na tacę lub blachę do pieczenia na metalową podstawkę. Odstaw na 5 minut. Aby skórka była chrupiąca, możesz przenieść ciasto ze skórki, tacy lub arkusza mąki bezpośrednio na ruszt, aby ostygło po około minucie.

k) Po lekkim ostygnięciu skrop ciasto octem balsamicznym, a następnie pokrój w kliny i podawaj.

21. Placki ze słodkich ziemniaków

Porcje: 4 Porcje

SKŁADNIKI:

- 1¾ funtów słodkich ziemniaków o pomarańczowym miąższu; obrane
- 1 cebula
- 5 białek jaj
- ½ łyżeczki soli
- ¼ łyżeczki mielonego białego pieprzu
- ⅓ szklanki mąki
- Olej
- 1⅓ szklanki musu jabłkowego; opcjonalny

INSTRUKCJE:

a) Zetrzyj słodkie ziemniaki i cebulę w robocie kuchennym z tarczą tnącą lub przez duże otwory ręcznej tarki. Przełożyć do dużej miski. Białka lekko ubić z solą i pieprzem i dodać do masy ziemniaczanej. Dobrze wymieszaj. Dodać mąkę i dobrze wymieszać.

b) Podgrzej 2 łyżki oleju na średnim ogniu na ciężkiej nieprzywierającej patelni o średnicy od 10 do 12 cali. Napełnij miarkę ¼ szklanki mieszanką, dociskając, aby się zgęstniała i uformuj kopiec na patelni. Szybko powtórz dla 3 kolejnych latkes. Spłaszczyć każdy tyłem łyżki, aby uformować ciasto o średnicy od 2½ do 3 cali i docisnąć, aby się zgęstniało. Gotuj 1- ½ minuty z każdej strony.

c) Wyjąć na nieprzywierającą blachę do pieczenia szpatułką cedzakową. Kontynuuj z pozostałym ciastem, dodając trochę więcej oleju do patelni i mieszając ciasto dla każdej partii.

d) Piec w temperaturze 450 stopni F na złoty kolor, około 10 minut. Odwróć i piecz jeszcze 5 minut. Podawać gorące z musem jabłkowym według uznania.

22. Daigaku imo

PORCJA 2–4

- 1 słodkie ziemniaki
- 3 łyżki oleju roślinnego
- 5 łyżek cukru pudru
- ¼ łyżeczki sosu sojowego

otarta skórka z 1 limonki plus sok z ½ limonki 1 łyżeczka czarnego sezamu

INSTRUKCJE:
a) Batata dokładnie umyj (nie obieraj ze skórki) i pokrój w nieregularne kliny o grubości nie większej niż 3 cm. Moczyć kliny w zimnej wodzie przez 20-30 minut, aby usunąć nadmiar skrobi, a następnie całkowicie osuszyć papierowym ręcznikiem kuchennym lub czystą ściereczką.
b) Umieść olej, cukier, sos sojowy, skórkę z limonki i sok na głębokiej patelni na małym ogniu i mieszaj. Dodaj ziemniaki na patelnię, wrzuć do mieszanki cukru i zwiększ ciepło do średniego. Umieść pokrywkę na patelni i pozostaw na ogniu, aż usłyszysz skwierczenie.
c) Zmniejsz ogień do średniego i gotuj przez kolejne 2-3 minuty, a następnie zdejmij pokrywkę i gotuj przez kolejne 10 minut, często obracając ziemniaki, aby lekko się zrumieniły ze wszystkich stron. Ziemniaki są gotowe, gdy można je łatwo przebić pałeczką lub nożem do masła.
d) Kiedy ziemniaki będą miękkie i ładnie się zarumienią, wyłącz ogień i wymieszaj z sezamem.
e) Pozostaw do lekkiego ostygnięcia, a następnie delektuj się nimi samodzielnie lub z lodami waniliowymi.

23. Ukąszenia muffinek z komosy ryżowej

SKŁADNIKI:
- 1 ½ szklanki przygotowanej komosy ryżowej.
- 2 jajka, roztrzepane.
- ½ szklanki puree ze słodkich ziemniaków.
- ½ szklanki czarnej fasoli.
- 1 łyżka posiekanej kolendry.
- 1 łyżeczka kminku.
- 1 łyżeczka papryki.
- ½ łyżeczki czosnku w proszku.
- ½ łyżeczki soli.
- ⅛ łyżeczki czarnego pieprzu.
- Spray do gotowania.

INSTRUKCJE:

a) Rozgrzej piekarnik do 350° F. Dodaj wszystkie składniki do dużej miski i mieszaj, aż wszystko się połączy.

b) Nałóż mieszankę do foremek na muffinki za pomocą łyżki stołowej i poklep każdą z nich po wierzchu. Piecz, aż się ugotuje i trzyma razem około 15-20 minut.

24. Kotleciki z Kurkumy ze Słodkiego Ziemniaka

Porcja: 10 kotletów

SKŁADNIKI:
- ½ szklanki gram mąki
- 1 słodki ziemniak, obrany i pokrojony w kostkę
- ½ żółtej lub czerwonej cebuli, obranej i pokrojonej w drobną kostkę
- 1 łyżka soku z cytryny
- Posiekana świeża pietruszka lub kolendra do dekoracji
- 1 łyżeczka kurkumy w proszku
- 1 łyżeczka mielonej kolendry
- 1 łyżeczka garam masali
- 3 łyżki oleju, podzielone
- 1 kawałek korzenia imbiru, obrany i starty lub posiekany
- 1 łyżeczka nasion kminku
- 1 łyżeczka czerwonego chili w proszku lub cayenne
- 1 szklanka groszku, świeżego lub mrożonego
- 1 posiekana zielona tajska, serrano lub cayenne chile
- 1 łyżeczka grubej soli morskiej

INSTRUKCJE:
a) Gotuj ziemniaki na parze przez 7 minut lub do miękkości.
b) Delikatnie rozbij go tłuczkiem do ziemniaków.
c) Na płytkiej patelni na średnim ogniu rozgrzej 2 łyżki oleju.
d) Dodaj kminek i gotuj przez 30 sekund lub do momentu, aż zacznie skwierczeć.
e) Dodaj cebulę, korzeń imbiru, kurkumę, kolendrę, garam masala i czerwone chili w proszku.
f) Gotuj przez kolejne 3 minuty lub do miękkości.
g) Pozwól mieszaninie ostygnąć.

h) Gdy mieszanina ostygnie, dodaj ją do ziemniaków wraz z groszkiem, zielonymi papryczkami chilli, solą, gramową mąką i sokiem z cytryny.
i) Dokładnie wymieszaj rękami.
j) Uformuj z mieszanki kotlety i umieść je na blasze do pieczenia.
k) Podgrzej pozostałą 1 łyżkę oleju na ciężkiej patelni na średnim ogniu.
l) Smaż placki partiami po 3 minuty z każdej strony.
m) Podawać udekorowane świeżą pietruszką lub kolendrą.

25. Nachos ze słodkich ziemniaków

Robi: 6

SKŁADNIKI:
- 1 łyżka oliwy z oliwek
- ⅓ szklanki posiekanego pomidora
- ⅓ szklanki posiekanego awokado
- 1 łyżeczka chili w proszku
- 1 łyżeczka czosnku w proszku
- 3 słodkie ziemniaki
- 1½ łyżeczki papryki
- ⅓ szklanki tartego sera Cheddar o obniżonej zawartości tłuszczu

INSTRUKCJE:
a) Rozgrzej piekarnik do 425 stopni Fahrenheita. Posmaruj formy do pieczenia nieprzywierającym sprayem do gotowania i przykryj je folią.
b) Obierz i pokrój słodkie ziemniaki w 14-calowe rundy.
c) Wrzuć rundy z oliwą z oliwek, chili w proszku, czosnkiem w proszku i papryką.
d) Rozłóż równomiernie na rozgrzanej patelni i piecz przez 25 minut, przewracając w połowie pieczenia, aż będą chrupiące.
e) Wyjmij patelnię z piekarnika i posyp słodkie ziemniaki fasolą i serem.
f) Zapiekaj jeszcze 2 minuty, aż ser się roztopi.
g) Wrzuć pomidora i awokado. Podawać.

26. Ukąszenia ze słodkich ziemniaków Marshmallow

Sprawia, że: 6-8

SKŁADNIKI:
- 4 słodkie ziemniaki, obrane i pokrojone w plastry
- 2 łyżki roztopionego masła roślinnego
- 1 łyżeczka syropu klonowego
- Sól koszerna
- 10-uncjowy worek pianek
- ½ szklanki połówek orzechów pekan

INSTRUKCJE:
a) Rozgrzej piekarnik do 400 stopni Fahrenheita.

b) Wrzuć słodkie ziemniaki z roztopionym masłem roślinnym i syropem klonowym na blachę do pieczenia i ułóż je w równej warstwie. Dopraw solą i pieprzem.

c) Piec do miękkości, około 20 minut, przewracając w połowie. Usunąć.

d) Na każdym słodkim ziemniaku ułóż piankę marshmallow i piecz przez 5 minut.

e) Podawaj natychmiast z połówką orzecha pekan na wierzchu każdej pianki.

27. Ceviche Peruano

Składniki

- 2 średnie ziemniaki
- 2 słodkie ziemniaki
- 1 czerwona cebula, pokrojona w cienkie paski
- 1 szklanka świeżego soku z limonki
- 1/2 łodygi selera naciowego, pokrojonego w plasterki
- 1/4 szklanki lekko upakowanych liści kolendry
- 1 szczypta mielonego kminku
- 1 ząbek czosnku, posiekany
- 1 papryczka habanero
- 1 szczypta soli i świeżo zmielonego pieprzu
- 1 funt świeżej tilapii, pokrojonej na 1/2 cala
- 1-funtowa średnia krewetka - obrana,

Kierunki

a) Umieść ziemniaki i słodkie ziemniaki w rondlu i zalej wodą. Umieść pokrojoną cebulę w misce z ciepłą wodą.

b) Zmiksuj seler, kolendrę i kminek i wymieszaj z czosnkiem i pieprzem habanero. Dopraw solą i pieprzem, a następnie dodaj pokrojoną w kostkę tilapię i krewetki

c) Aby podać, obierz ziemniaki i pokrój w plasterki. Wymieszaj cebulę z mieszanką rybną. Miski do serwowania wyłóż liśćmi sałaty. Nałóż ceviche, które składa się z soku, do miseczek i udekoruj plasterkami ziemniaków.

28. Imbirowe placki z batatów

Porcje: 1 porcja

SKŁADNIKI:
- 1/2 funta słodkich ziemniaków
- 1½ łyżeczki Zmielony obrany świeży korzeń imbiru
- 2 łyżeczki świeżego soku z cytryny
- ¼ łyżeczki Suszone płatki ostrej czerwonej papryki
- ¼ łyżeczki soli
- 1 duże jajko
- 5 łyżek mąki uniwersalnej
- Olej roślinny do głębokiego smażenia

INSTRUKCJE:

a) Obierz i zetrzyj na grubej tarce słodkiego ziemniaka. W robocie kuchennym drobno posiekać startego słodkiego ziemniaka z imbirem, sokiem z cytryny, płatkami czerwonej papryki i solą, dodać jajko i mąkę i dobrze wymieszać.

b) W dużym rondlu podgrzej 1½ cala oleju na umiarkowanie wysokim ogniu do 360F. na termometrze do głębokiego tłuszczu wlewać partiami łyżkę mieszanki ze słodkich ziemniaków do oleju i smażyć placki obracając je przez 2 minuty lub do uzyskania złotego koloru.

c) Placuszki przekładamy na ręczniki papierowe do odsączenia.

BURGERY, WRAPY I KANAPKI

29. Burger z komosy ryżowej i słodkich ziemniaków

Robi: 6

Składniki
- 3 średnie słodkie ziemniaki, upieczone
- 2 jajka
- 1 szklanka mąki z ciecierzycy
- 1 łyżeczka chili w proszku
- 1 łyżka pełnoziarnistej musztardy Dijon
- 1 łyżka masła orzechowego lub innego masła orzechowego
- sok z ½ cytryny
- 1 szczypta soli morskiej
- 200 g komosy ryżowej
- olej arachidowy, do smażenia
- Śmietana chrzanowa
- 3 łyżki drobno startego chrzanu
- 1¼ szklanki kwaśnej śmietany
- sól morska

Służyć
- 6 bułek do burgerów, przekrojonych na pół
- masło do bułek
- drobno pokrojone czerwone szalotki azjatyckie
- drobno posiekany szczypiorek

Kierunki

a) Ziemniaki przekroić wzdłuż i łyżką wyskrobać wnętrze.

b) Zmiksuj jajka w robocie kuchennym i dodaj słodkie ziemniaki, mąkę z ciecierzycy, chili w proszku, musztardę, masło orzechowe, sok z cytryny i sól. Dodaj quinoę.

c) Używając garści mieszanki na raz, formuj okrągłe placki.

d) W misce wymieszaj sól, chrzan i śmietanę.

e) Na średnim ogniu grilluj kotlety po kilka minut z obu stron.

f) Posmaruj masłem powierzchnie przekrojonych bułek i szybko je grilluj.

g) Na spodzie każdej bułki ułóż burgera, posmaruj kwaśną śmietaną chrzanową, szalotką i szczypiorkiem.

30. Burgery z soczewicy i ryżu

Porcje: 8 porcji

Składniki
- ¾ szklanki soczewicy
- 1 Słodki ziemniak
- 10 Świeże liście szpinaku, rozdrobnione
- 1 szklanka świeżych grzybów, pokrojonych w kostkę
- ¾ szklanki bułki tartej
- 1 łyżeczka estragonu
- 1 łyżeczka czosnku w proszku
- 1 łyżeczka płatków pietruszki
- ¾ szklanki ryżu długoziarnistego

Kierunki
a) Ugotuj ryż, aż będzie miękki i lekko lepki, a następnie dodaj soczewicę.
b) Zmiel gotowanego obranego słodkiego ziemniaka.
c) Połącz mieszankę ryżu, słodkiego ziemniaka i wszystkie pozostałe składniki w misce.
a) Przechowywać w lodówce przez 15 do 30 minut. Uformować kotlety i upiec na zewnętrznym grillu z grillem warzywnym.
b) Pamiętaj, aby natłuścić lub spryskać patelnię Pam, aby zapobiec przywieraniu hamburgerów.

31. Pikantne taquito ze słodkich ziemniaków i czarnej fasoli

Robi: 3

SKŁADNIKI:
- 1 średni ziemniak pieczony słodki ziemniak
- 1/4 szklanki czarnej fasoli, ugotowanej
- 3 4-calowe tortille kukurydziane
- 1 łyżka masła roślinnego
- 1/4 łyżeczki cebuli w proszku
- 1/4 łyżeczki czosnku w proszku
- 1/2 łyżeczki chili w proszku
- 1 łyżeczka płatków chilli
- 1 łyżka drożdży odżywczych
- 1/4 łyżeczki papryki
- 1/2 łyżeczki kminku
- 1 łyżeczka soli koszernej

INSTRUKCJE:

a) Włącz frytkownicę na 4 minuty w temperaturze 400 ° F.

b) W misce nabierz widelcem słodkiego ziemniaka, a następnie rozgnieć go razem z masłem roślinnym.

c) Mieszaj drożdże odżywcze i wszystkie przyprawy, aż do uzyskania gładkiej konsystencji.

d) Zawiń tortille w wilgotny ręcznik papierowy i wstaw do kuchenki mikrofalowej na 30 sekund, aby zmniejszyć prawdopodobieństwo rozdarcia podczas zawijania.

e) Za pomocą talerza dodaj około 1 łyżeczkę bulionu warzywnego. Umieść tortillę na talerzu i potrzyj, aby jedna strona była pokryta bulionem.

f) Na suchą stronę tortilli dodaj ⅓ mieszanki blisko jej krawędzi i 1½ łyżki fasoli. Wciśnij fasolę w ziemniaki, aby nie wypadły.

g) Zwiń w taquito, podnosząc wypełnioną krawędź i obracając ją. Pamiętaj, aby zwinąć ciasno i ostrożnie, aby tortilla się nie rozerwała.

h) Umieść szew w koszu frytownicy.

i) Powtarzaj wypełnianie wszystkich pozostałych porcji tortilli, aż wszystkie taquito zostaną zrobione.

j) Smaż przez 10 minut we frytownicy, aż skorupki będą całkowicie chrupiące.

k) Udekoruj guacamole, salsą lub kremem roślinnym.

DANIE GŁÓWNE

32. Pikantne Ćwiartki Kurczaka Ze Słodkiego Ziemniaka

Robi: 4

SKŁADNIKI:

- ½ łyżeczki czarnego pieprzu
- 2 łyżki oliwy z oliwek
- 2 słodkie ziemniaki, obrane i pokrojone w kostkę
- 1 łyżka skrobi kukurydzianej
- ½ łyżeczki pieprzu cayenne
- 1 łyżka wody
- 1 łyżeczka chili w proszku
- Świeże liście kolendry
- ¼ łyżeczki mielonego cynamonu
- 1 łyżka jasnego brązowego cukru
- 1 łyżeczka soli koszernej
- ¾ szklanki niesolonego bulionu z kurczaka
- 4 ćwiartki udek kurczaka, obrane ze skóry

INSTRUKCJE:

a) W Crockpot ułóż słodkie ziemniaki w warstwie i dopraw solą i czarnym pieprzem.
b) W misce wymieszaj brązowy cukier, chili w proszku, pieprz cayenne i cynamon.
c) Mieszanką przypraw natrzeć całego kurczaka.
d) Rozgrzej olej na nieprzywierającej patelni na średnim ogniu.
e) Smaż kurczaka z obu stron, 2 do 3 minut z każdej strony.
f) Zdjąć kurczaka z patelni, zachowując sos na patelni.
g) Umieść kurczaka w jednej warstwie, tak aby kawałki lekko zachodziły na siebie, na słodkich ziemniakach w Crockpot.
h) Dodaj bulion do konserwowanych sosów na patelni i gotuj na małym ogniu przez około 2 minuty, mieszając i zeskrobując, aby uwolnić zrumienione kawałki z dna patelni.
i) Wlej na to mieszankę bulionu z kurczaka.

j) Gotować na małym ogniu przez 4 godziny.

k) Zachowaj płyn do gotowania w Crockpot i przenieś kurczaka i słodkie ziemniaki na talerz do serwowania.

l) Odcedź i odrzuć tłuszcz z płynu do gotowania, a następnie przenieś go do średniego garnka.

m) Doprowadzić do wrzenia na dużym ogniu.

n) Połącz skrobię kukurydzianą i wodę; wymieszać mieszaninę skrobi kukurydzianej z wrzącym płynem do gotowania i gotować na niskim poziomie, ciągle mieszając, aż zgęstnieje, około 1 minuty.

o) Podawaj sos razem z kurczakiem i słodkimi ziemniakami, udekoruj według uznania.

33. Czosnkowe Florenckie Słodkie Ziemniaki

Porcje: 4 porcje

SKŁADNIKI:
- 4 słodkie ziemniaki
- 2, 10-uncjowe opakowania szpinaku
- 1 łyżka oliwy z oliwek
- 1 szalotka, posiekana
- 2 ząbki czosnku, posiekane
- 6 suszonych pomidorów, pokrojonych w kostkę
- ¼ łyżeczki soli
- ¼ łyżeczki czarnego pieprzu
- ¼ łyżeczki płatków czerwonej papryki
- ½ szklanki częściowo odtłuszczonego sera ricotta

INSTRUKCJE:
a) Przygotuj piekarnik, podgrzewając go do 400 stopni Fahrenheita.
b) Umieść słodkie ziemniaki na przygotowanej blasze do pieczenia po przebiciu ich widelcem.
c) Piecz przez 45-60 minut, aż ziemniaki się ugotują. Daj czas na ochłodzenie.
d) Ziemniaki przekroić wzdłuż środka nożem i roztrzepać miąższ ziemniaczany widelcem, a następnie odłożyć na bok.
e) Na patelni rozgrzej olej na umiarkowanym ogniu. Smaż przez 3 minuty, aż szalotki zmiękną.
f) Smaż przez kolejne 30 sekund, aż czosnek będzie aromatyczny.
g) Połącz odsączony szpinak, pomidory, sól, czarny pieprz i płatki czerwonej papryki. Gotuj przez kolejne 2 minuty.
h) Zdjąć z ognia i odstawić do ostygnięcia.
i) Dodaj ser ricotta do mieszanki ze szpinakiem.
j) Podawaj mieszankę szpinaku na podzielonych słodkich ziemniakach.

34. Risotto z zieloną fasolką i słodkimi ziemniakami

Robi: 8

SKŁADNIKI:
- 1 duży słodki ziemniak
- 5 ząbków czosnku, posiekanych
- 2 szklanki brązowego ryżu krótkoziarnistego
- 1 łyżeczka suszonych liści tymianku
- 7 filiżanek bulionu warzywnego o niskiej zawartości sodu
- 2 szklanki zielonej fasoli, przekrojonej na pół w poprzek
- 3 łyżki niesolonego masła
- ½ szklanki parmezanu

INSTRUKCJE:

a) W wolnowarze o pojemności 6 litrów wymieszaj słodkie ziemniaki, czosnek, ryż, tymianek i bulion.

b) Przykryć i gotować na małym ogniu przez 3 do 4 godzin.

c) Wmieszaj zieloną fasolkę.

d) Przykryj i gotuj na małym ogniu przez 37 minut.

e) Wmieszać masło i ser. Przykryj i gotuj na wolnym ogniu przez 20 minut, a następnie zamieszaj i podawaj.

35. Pieczony łosoś i słodkie ziemniaki

Porcje: 4 porcje

Składniki
- 4 filety z łososia, bez skóry
- 4 średniej wielkości słodkie ziemniaki, obrane i pokrojone na 1 cal grubości
- 1 szklanka różyczek brokuła
- 4 łyżki czystego miodu (lub syropu klonowego)
- 2 łyżki marmolady/dżemu pomarańczowego
- 1 1-calowa gałka świeżego imbiru, starta
- 1 łyżeczka musztardy Dijon
- 1 łyżka nasion sezamu, prażonych
- 2 łyżki niesolonego masła, roztopionego
- 2 łyżeczki oleju sezamowego
- Sól i pieprz do smaku
- Dymka/szalotka, świeżo posiekana

INSTRUKCJE:

a) Rozgrzej piekarnik do 400F. Nasmaruj formę do pieczenia stopionym niesolonym masłem.

b) Umieść pokrojone słodkie ziemniaki i różyczki brokuła na patelni. Lekko doprawiamy solą, pieprzem i łyżeczką oleju sezamowego. Upewnij się, że warzywa są lekko pokryte olejem sezamowym.

c) Piecz ziemniaki i brokuły przez 10-12 minut.

d) Gdy warzywa są jeszcze w piekarniku, przygotuj słodką polewę. W misce dodaj miód (lub syrop klonowy), dżem pomarańczowy, starty imbir, olej sezamowy i musztardę.

e) Ostrożnie wyjmij blachę do pieczenia z piekarnika i rozłóż warzywa na bok, aby zrobić miejsce dla ryby.

f) Lekko dopraw łososia solą i pieprzem.

g) Umieść filety z łososia na środku formy do pieczenia i zalej łososia i warzywa słodką glazurą.

h) Ponownie włóż patelnię do piekarnika i gotuj przez dodatkowe 8-10 minut lub do momentu, aż łosoś będzie miękki jak widelec.

i) Przełóż łososia, słodkie ziemniaki i brokuły na ładny półmisek. Udekoruj sezamem i dymką.

36. Łosoś Teriyaki Z Warzywami

Porcje: 4 porcje

Składniki
- 4 filety z łososia, usunięta skóra i ości
- 1 duży słodki ziemniak (lub po prostu ziemniak), pokrojony na małe kawałki
- 1 duża marchewka, pokrojona na kawałki wielkości kęsa
- 1 duża biała cebula, pokrojona w kliny
- 3 duże papryki (zielona, czerwona i żółta), posiekane
- 2 szklanki różyczek brokuła (można zastąpić szparagami)
- 2 łyżki oliwy z oliwek extra virgin
- Sól i pieprz do smaku
- Dymka, drobno posiekana
- Sos Teriyaki
- 1 szklanka wody
- 3 łyżki sosu sojowego
- 1 Łyżki czosnku, posiekanego
- 3 łyżki brązowego cukru
- 2 łyżki czystego miodu
- 2 łyżki skrobi kukurydzianej (rozpuszczonej w 3 łyżkach wody)
- ½ łyżki prażonych ziaren sezamu

INSTRUKCJE:

a) Na małej patelni ubij sos sojowy, imbir, czosnek, cukier, miód i wodę na małym ogniu. Ciągle mieszaj, aż mieszanina powoli się zagotuje. Wymieszaj wodę ze skrobią kukurydzianą i poczekaj, aż mieszanina zgęstnieje. Dodać ziarna sezamu i odstawić.

b) Nasmaruj duże naczynie do pieczenia niesolonym masłem lub sprayem do gotowania. Rozgrzej piekarnik do 400F.

c) W dużej misce wrzuć wszystkie warzywa i skrop oliwą z oliwek. Dobrze wymieszaj, aż warzywa dobrze pokryją się olejem. Doprawiamy świeżo mielonym pieprzem i odrobiną soli. Warzywa przełożyć do naczynia do zapiekania. Rozłóż warzywa na boki i zostaw trochę miejsca na środku naczynia do pieczenia.

d) Umieść łososia na środku naczynia do pieczenia. Wlać 2/3 sosu teriyaki do warzyw i łososia.

e) Piecz łososia przez 15-20 minut.

f) Przełóż upieczonego łososia i pieczone warzywa na ładny półmisek. Wlać pozostały sos teriyaki i udekorować posiekaną dymką.

37. Łosoś ze słodkimi ziemniakami i fasolą

To danie jest szybkie, bardzo dobre i proste zwłaszcza na wieczór.

Składniki:
- Dwuosobowy
- 2 kotleciki z łososia
- 1 duży słodki ziemniak (bardzo duży)
- 200 g zielonej fasoli
- Sok z cytryny koperek (to romantyczne zioła, dobrze komponuje się z łososiem, ale jeśli ktoś nie ma znaczenia 2 łyżki oliwy z oliwek do ugotowania łososia)
- Masło (1 łyżka)
- 5 cl oleju (dowolnego) do gotowania słodkich ziemniaków
- Sól, pieprz

Przygotowanie:
a) Zacznij od usunięcia niejadalnych końcówek fasoli i pokrój ją na kawałki o długości około 3 cm. Następnie gotuj na parze przez 10 minut. Następnie wlej oliwę z oliwek na patelnię, ale może to być opcjonalne. Zrobiłem to jednak w tym przypadku, ale gotowanie na parze wystarczy. Zarezerwuj fasolę

b) Następnie wlej oliwę do garnka. Dodaj steki z łososia. I gotuj przez kilka minut. Obie strony muszą być kolorowe. Posolić każdą twarz. Zarezerwować i posypać koperkiem.

c) Obierz słodkiego ziemniaka. I pokroić w grube plastry. Następnie przekrój każdy krążek na pół (półkola).

d) Podgrzej olej. Gotuj kawałki słodkich ziemniaków na średnim ogniu. Musi być ugotowany i pokolorowany z każdej strony. Wyjąć i posolić.

e) Ciesz się łososiem ze smażonymi słodkimi ziemniakami, które topią się w środku i fasolą na maśle.

f) Łososia można skropić sokiem z cytryny.

38. Dorsz na parze Matcha

Porcje: 4 porcje

SKŁADNIKI
- 2 szklanki obranych słodkich ziemniaków pokrojonych w julienne
- 1 funt dorsza, pokrojonego na 4 kawałki
- 2 łyżeczki proszku matcha
- 4 łyżki niesolonego masła
- 8 gałązek świeżego tymianku
- 4 plasterki świeżej cytryny
- 1 łyżeczka soli koszernej

INSTRUKCJE:

a) Rozgrzej piekarnik do 425 stopni F. Weź 4 arkusze pergaminu, każdy o wymiarach około 12 na 16 cali, na pół, a następnie rozłóż, aby zrobić zagięcie.

b) Umieść stos pasków słodkich ziemniaków po jednej stronie każdego kawałka pergaminu i na wierzchu każdego kawałka dorsza.

c) Posyp każdy kawałek ryby 1 łyżeczką matchy, następnie połóż na każdym kawałku 1 łyżkę masła, 2 gałązki tymianku i plasterek cytryny; sezon z solą.

d) Złożyć pergamin, aby zamknąć nadzienie i zacisnąć krawędzie, aby uszczelnić i uformować paczkę w kształcie półksiężyca.

e) Przenieś na blachę do pieczenia i piecz przez 20 minut. Wyjmij paczki z piekarnika i pozwól im odpocząć przez 5 do 10 minut przed otwarciem.

39. Zapiekanka z pianki marshmallow ze słodkich ziemniaków

Porcje: 10 porcji

SKŁADNIKI:
- 4 ½ funta słodkich ziemniaków
- 1 szklanka cukru granulowanego
- ½ szklanki wegańskiego masła zmiękczonego
- ¼ szklanki mleka roślinnego
- 1 łyżeczka ekstraktu waniliowego
- ¼ łyżeczki soli
- 1 ¼ szklanki płatków kukurydzianych, zmiażdżonych
- ¼ szklanki posiekanych pekanów
- 1 łyżka brązowego cukru
- 1 łyżka masła wegańskiego, roztopionego
- 1½ szklanki miniaturowych pianek marshmallow

INSTRUKCJE:

a) Rozgrzej piekarnik do 425 stopni Fahrenheita.

b) Piecz słodkie ziemniaki przez 1 godzinę lub do miękkości.

c) Pokrój słodkie ziemniaki na pół i wydrąż wnętrze do naczynia do mieszania.

d) Za pomocą miksera elektrycznego ubij puree ze słodkich ziemniaków, cukier granulowany i 5 następujących składników, aż będą gładkie.

e) Włóż mieszankę ziemniaczaną do natłuszczonego naczynia do pieczenia o wymiarach 11 x 7 cali.

f) W misce wymieszaj płatki kukurydziane i trzy kolejne składniki.

g) Posypać ukośnymi rzędami w odległości 2 cali od siebie na naczyniu.

h) Piec przez 30 minut.

i) Pomiędzy rzędami płatków kukurydzianych posypać piankami marshmallow; piec przez 10 minut.

40. Pieczona na zimno kaczka z warzywami

Porcje: 4 Porcje

SKŁADNIKI:
- 1 szklanka słodkich ziemniaków
- 1 szklanka marchwi
- 1 szklanka ogórka
- 1 szklanka chińskiej białej rzepy
- 1 zielona papryka
- 1 szklanka kapusty pekińskiej (do)
- 1 szklanka cukru
- 1 szklanka octu
- 1 łyżka Catsupu
- 1 łyżka oleju
- ½ łyżeczki soli
- ½ łyżeczki ostrego sosu
- 3 krople oleju sezamowego; mniej więcej
- 1 szczypta cynamonu
- 1 odrobina pieprzu
- 1 sałata głowiasta (maks.)
- 2 funty pieczonej kaczki

INSTRUKCJE:

a) Obierz i posiekaj słodkie ziemniaki, marchewkę, ogórek i chińską białą rzepę. Posiekaj zieloną paprykę i kapustę pekińską.

b) Połącz cukier, ocet, keczup, olej, sól, ostry sos, olej sezamowy, cynamon i pieprz. Dodaj do posiekanych warzyw i dobrze wymieszaj. Przechowywać w lodówce, pod przykryciem, 24 godziny.

c) Ponownie wymieszaj warzywa i wstaw do lodówki pod przykryciem jeszcze na 24 godziny. Odcedź, odrzucając marynatę.

d) Sałatę poszatkować i ułożyć na półmisku. Posyp odsączonymi warzywami.

e) Pieczona kaczka z kością i strzępami. Ułożyć na warzywach i podawać.

41. Buffalo Tempeh Harvest Bowls

Tworzy: 2

SKŁADNIKI:
- 8 uncji tempeh
- 1 uncja syropu klonowego
- 1,5 uncji ostrego sosu
- 1 łyżeczka musztardy Dijon
- 3 ząbki czosnku
- 4 uncje mieszanej zieleniny
- 1 słodki ziemniak
- 4 łyżki bulionu warzywnego, podzielone
- 2 łyżeczki bulionu warzywnego
- 1 średnie jabłko
- 1/2 uncji octu z czerwonego wina
- 1/4 szklanki bezsojowego vegenaise
- 1/3 szklanki orzechów włoskich
- Sól i pieprz

INSTRUKCJE:
a) Rozgrzej piekarnik do 400 ° F.
b) W średniej misce wymieszaj gorący sos i 1 łyżkę bulionu warzywnego, aby przygotować sos Buffalo.
c) Pokrój tempeh na paski o grubości 1/4 cala i wrzuć do sosu Buffalo, aby się pokrył.
d) Usuń ząbki czosnku i pokrój słodkiego ziemniaka wzdłuż na pół, a następnie na 4-5 klinów.
e) Wyłóż blachę do pieczenia za pomocą folii lub papieru do pieczenia. Wyjmij tempeh z miski, delikatnie potrząśnij, aby usunąć nadmiar sosu i umieść na blasze wyłożonej papierem do pieczenia.
f) Wrzuć ząbki czosnku, ćwiartki słodkich ziemniaków i 1 łyżeczkę bulionu warzywnego po przeciwnej stronie blachy do pieczenia.
g) Posyp solą i pieprzem wszystko na blasze do pieczenia.

h) Piecz przez co najmniej 22 do 24 minut lub do momentu, aż tempeh Buffalo będzie chrupiące, a słodkie ziemniaki miękkie.

i) Wymieszaj i połącz wszystkie składniki sosu z pieczonego czosnku w misce.

j) Zmiażdż upieczone ząbki czosnku w małej misce. Dodaj pozostały ocet z czerwonego wina, Vegenaise, musztardę Dijon oraz szczyptę soli i pieprzu, aby przygotować sos z pieczonego czosnku.

k) Wymieszaj sałatkę jabłkową z Buffalo tempeh i mieszanką zieleni, aby połączyć. Dodaj pieczone ćwiartki słodkich ziemniaków i kandyzowane orzechy włoskie na wierzchu. Skrop sosem z pieczonego czosnku.

ZUPY I CURRIE

42. **Zupa Z Kurczaka**

Robi: 8

SKŁADNIKI
- 2 łyżki posiekanego szczypiorku
- 3 funty smażonego kurczaka
- ½ łyżeczki estragonu, posiekanego
- 2 szklanki pokrojonych pomidorów
- 1 szklanka ziaren kukurydzy
- ½ szklanki zielonej cebuli, posiekanej
- 1 łyżeczka bazylii, posiekanej
- ½ szklanki łuskanego groszku
- 6 filiżanek odtłuszczonego bulionu z kurczaka
- ½ szklanki pokrojonych w kostkę słodkich ziemniaków
- ½ szklanki wytrawnej sherry

INSTRUKCJE:

a) Gotuj kawałki kurczaka w sherry przez około 10 minut w rondlu, a następnie dodaj pomidory, kukurydzę, zieloną cebulę i słodkie ziemniaki.

b) Gotuj przez 5 minut po dodaniu groszku, dymki, bazylii, estragonu i chili.

c) Dodać kawałki kurczaka, wodę i bulion i przełożyć do garnka.

d) Gotuj na niskim poziomie przez 1 godzinę.

43. Tajska Flądra Kokosowo-Curry

Robi: 6

SKŁADNIKI:

- 2 łyżki oleju rzepakowego
- 1 szklanka niegotowanego brązowego ryżu jaśminowego
- 1 szklanka jasnego mleka kokosowego z puszki
- ¼ szklanki cienko pokrojonej świeżej bazylii
- 1½ szklanki wody
- 1 szklanka posiekanej zielonej papryki
- 2 łyżki mielonego czosnku
- 2½ łyżki tajskiej czerwonej pasty curry
- 1,5 funta filetów z flądry bez skóry
- 2 słodkie ziemniaki, obrane i pokrojone w kostkę
- 14½-uncjowa puszka pokrojonych w kostkę pomidorów, nieodsączonych
- ¼ łyżeczki soli koszernej

INSTRUKCJE:

a) W misce przeznaczonej do podgrzewania w kuchence mikrofalowej podgrzewaj słodkie ziemniaki w kuchence mikrofalowej na WYSOKIEJ mocy przez 5 do 6 minut, przerywając mieszanie po 3 minutach.

b) W 6-kwartowym garnku Crockpot posyp ryż olejem i mieszaj, aby równomiernie pokryć.

c) Wymieszaj pomidory, wodę, paprykę, czosnek i słodkie ziemniaki.

d) Gotuj pod przykryciem na HIGH przez 3 godziny.

e) Delikatnie dodaj mleko kokosowe i pastę curry do mieszanki ryżowej.

f) Gotuj pod przykryciem na HIGH przez 15 minut lub do momentu, aż płyn zostanie w większości wchłonięty.

g) Umieść rybę na mieszance ryżu i dopraw solą.

h) Gotuj pod przykryciem na HIGH przez 20 minut lub do momentu, aż łosoś będzie się łatwo rozdrabniał widelcem.

i) Podawaj rybę z mieszanką ryżu i równomiernie posyp bazylią.

44. Zupa marchewkowo-imbirowa Crockpot

Robi: 6

SKŁADNIKI
- Szczypta koszernej soli i mielonego czarnego pieprzu
- 3 ząbki czosnku
- ¼ szklanki liści mięty
- 1 łyżeczka wędzonej papryki
- ⅓ szklanki gęstej śmietany
- 1 słodka cebula, posiekana
- 2 funty marchwi, obranej i pokrojonej
- ⅓ filiżanki liści kolendry
- 2 liście laurowe
- 2 łyżki soku z limonki
- 1 słodki ziemniak, obrany i pokrojony
- 6 szklanek bulionu warzywnego
- 1 kawałek imbiru, obrany i pokrojony w plasterki
- ¼ łyżeczki wędzonej papryki

INSTRUKCJE:
a) Używając Crockpot, wymieszaj marchewki, słodkie ziemniaki, cebulę, czosnek, imbir, paprykę, liście laurowe i bulion. Dopraw solą i pieprzem.
b) Gotuj na niskim poziomie przez 1 godzinę.
c) Dodaj sok z limonki, miętę i kolendrę.
d) Usuń liście laurowe, a następnie zmiksuj je blenderem.
e) Podawać z kleksem śmietany.

45. Zupa Bulionowa

Porcje: 6 porcji

SKŁADNIKI
- 2 funty golonki wołowej, opłukanej i osuszonej
- Opcjonalnie 4 miękkie niebieskie kraby
- 2 łyżki świeżego soku z limonki
- ½ łyżeczki mielonego czarnego pieprzu
- 1 łyżka soli
- 2 łyżki posiekanej natki pietruszki
- 2 szalotki drobno posiekane
- 1 gałązka tymianku
- 3 łyżki drobno posiekanego czosnku
- 2 ¼ szklanki mąki uniwersalnej
- 1 szklanka wody
- 1 łyżeczka soli
- 1 łyżeczka czarnego pieprzu mielonego
- ¼ łyżeczki słodkiej papryki
- 2 łyżki oliwy z oliwek
- 1 biała cebula posiekana
- 1 posiekana zielona papryka
- 2 pokrojone pomidory
- 2 malanga lub Yautia. obrane i pokrojone w kostkę
- 1 zielony banan obrany i pokrojony w plasterki
- 4 szklanki dobrze zapakowanego szpinaku
- 1 kolczoch obrany i pokrojony w kostkę
- 2 marchewki obrane i pokrojone w plasterki
- 2 pasternaki obrane i pokrojone w plasterki
- 2 ziemniaki obrane i pokrojone w kostkę
- 2 średnie białe słodkie ziemniaki obrane i pokrojone w kostkę
- 2 łyżki bulionu wołowego w proszku
- Szczypta czosnku w proszku do smaku
- Szczypta soli do smaku

- Szczypta pieprzu do smaku
- ½ ostrej papryki lub ¼ łyżeczki ostrego sosu

INSTRUKCJE

a) Marynuj mięso przez noc w misce z sokiem z limonki, natką pietruszki, solą, czarnym pieprzem, czosnkiem, szalotkami i tymiankiem.
b) Wyjąć i ugotować mięso, stopniowo dolewając wodę.
c) Połącz mąkę, wodę, sól, pieprz i słodką paprykę w misce.
d) Łyżką lub rękami formować pierogi. Odłóż na bok.
e) Jeśli używasz niebieskich krabów, oczyść je, zdejmij skorupę i pokrój na pół wzdłuż środka.
f) Umieść olej, cebulę i zieloną paprykę wraz z niebieskimi krabami w dużym garnku i podgrzewaj na średnim ogniu przez dwie do trzech minut.
g) Dodaj pasternak, marchewkę, pomidory, szpinak i kolczoch. Gotuj przez 4 do 5 minut.
h) Dodać 8 szklanek wody, przykryć i zagotować.
i) Pozwól warzywom gotować się przez 7 do 8 minut.
j) Dodaj pozostałe składniki, w tym mięso i knedle.
k) Przykryj luźno i gotuj na wolnym ogniu przez 25 do 30 minut lub do momentu, aż wszystkie składniki, w tym knedle, będą dokładnie ugotowane.
l) Podawać na gorąco.

46. Soczewica Curry Z Batatami I Ciecierzycą

SKŁADNIKI:

- ¼ szklanki oleju kokosowego
- 1 duża czerwona cebula, pokrojona w kostkę
- Sól dla smaku
- 2 łyżki curry w proszku
- 2 łyżeczki kminku w proszku
- 2 łyżeczki nasion gorczycy
- 1 łyżeczka mielonej kolendry
- 8 uncji brązowej soczewicy
- 3 średnie słodkie ziemniaki
- 4 szklanki bulionu z kości kurczaka (2 kartony)
- 1 (28 uncji) puszka pieczonych pomidorów pokrojonych w kostkę
- 1 (28 uncji) puszka ciecierzycy, odsączona
- Świeża posiekana natka pietruszki do dekoracji

INSTRUKCJE:

a) Podgrzej olej kokosowy na średnim ogniu w dużym rondlu przez około 1 minutę.

b) Dodaj cebulę i szczyptę soli. Smaż, aż cebula będzie przezroczysta.

c) Dodaj curry w proszku, kminek, gorczycę i kolendrę i gotuj przez 1 minutę, często mieszając.

d) Wymieszaj soczewicę, słodkie ziemniaki, bulion i pomidory. Doprowadzić do wrzenia i gotować na wolnym ogniu przez 25 minut pod przykryciem lub do momentu, aż soczewica i słodkie ziemniaki będą miękkie.

e) Wymieszaj ciecierzycę i gotuj, aż się podgrzeją, około 2 minut.

f) Naczynie i udekoruj posiekaną natką pietruszki. Cieszyć się!

47. Meksykańska Zupa Z Wołowiny I Słodkich Ziemniaków

SKŁADNIKI:
- 1 łyżka rafinowanego oleju z awokado lub oliwy z oliwek
- 1 funt chudej gulaszowej wołowiny
- 1 łyżeczka soli koszernej
- 1 szklanka posiekanej cebuli
- 1 łyżeczka mielonego czosnku
- 1 szklanka posiekanej słodkiej papryki
- 2 szklanki słodkich ziemniaków, obranych i posiekanych
- 1 łyżeczka chili w proszku
- 1 łyżeczka suszonego oregano
- 1 łyżeczka mielonego kminku
- 14 uncji czerwonej salsy
- Rosół z kurczaka, 2 szklanki
- 2 łyżeczki soku z limonki
- ⅓ szklanki posiekanej kolendry
- Sól koszerna do smaku
- Zmielony czarny pieprz do smaku

INSTRUKCJE:
a) Rozgrzej dużą żeliwną patelnię na dużym ogniu.
b) Dodaj duszoną wołowinę i posyp solą. Mieszaj wołowinę, aż się zrumieni, 5 minut. Łyżką cedzakową wyjąć mięso i przełożyć na talerz. Odłożyć na bok.
c) Umieść cebulę, czosnek i paprykę na patelni na średnim ogniu, mieszając od czasu do czasu, aż cebula i czosnek zaczną pachnieć, a papryka będzie miękka lub około 5 minut.
d) Dodaj słodkiego ziemniaka, chili w proszku, oregano, kminek, bulion i salsę. Dokładnie wymieszać. Doprowadzić do wrzenia. Następnie przykryj i gotuj na wolnym ogniu przez 30 minut lub do momentu, aż słodkie ziemniaki będą miękkie.
e) Wymieszaj sok z limonki, kolendrę, sól i pieprz. Pozostawić do ogrzania na małym ogniu, około 4 minut.

f) Wlej zupę bulionową do przygotowanych słoików, kufli lub kwart, pozostawiając 1-calową wolną przestrzeń.

g) Uszczelnij 2-częściowymi pokrywkami do puszek, dokręcając palcem.

h) Przetwarzaj słoiki w podgrzanym pojemniku ciśnieniowym przez 40 minut.

i) Gdy czas przetwarzania: dobiegnie końca, wyłącz ogrzewanie i pozwól, aby puszka w naturalny sposób osiągnęła temperaturę pokojową.

j) Gdy ostygnie, wyjmij słoiki z konserw i sprawdź uszczelki.

48. Zupa ze słodkich ziemniaków i tequili

Porcje: 4 Porcje

SKŁADNIKI:
- 3 średnie słodkie ziemniaki
- 4 łyżki tequili
- ¼ szklanki niesolonego masła; temperatura pokojowa.
- Świeżo starta gałka muszkatołowa do smaku
- ½ łyżeczki soli
- Świeżo mielony biały pieprz do smaku

INSTRUKCJE:
a) Nieobrane słodkie ziemniaki wyszoruj, pokrój w duże kawałki i ugotuj w lekko osolonej wrzątku do miękkości. Następnie spuść wodę, przykryj patelnię i pozwól ziemniakom „puchnąć" przez około 5 minut.
b) Szybko obierz ziemniaki, dodaj 2 łyżki tequili, masło i gałkę muszkatołową. Ubij mikserem elektrycznym lub zmiksuj w robocie kuchennym na gładką masę.
c) Spróbuj i dodaj sól, biały pieprz i 2 dodatkowe łyżki tequili, jeśli chcesz. Podawaj na ciepło. Przepis na 4 do 6 porcji.

49. Gulasz z czerwonej fasoli z Jamajki

Porcje: 4 porcje

SKŁADNIKI
- 1 żółta cebula, posiekana
- 2 marchewki, pokrojone w plasterki
- ½ szklanki wody
- 13,5-uncjowa puszka mleka kokosowego
- 2 ząbki czosnku, posiekane
- ¼ łyżeczki czarnego pieprzu
- 1 słodki ziemniak, obrany i pokrojony w kostkę
- 3 szklanki ugotowanej ciemnoczerwonej fasoli, odsączonej i opłukanej
- 1 łyżka oliwy z oliwek
- 1 łyżeczka gorącego lub łagodnego curry w proszku
- 1 łyżeczka suszonego tymianku
- ¼ łyżeczki mielonego ziela angielskiego
- ½ łyżeczki soli niskosodowej
- 14,5-uncjowa puszka pokrojonych w kostkę pomidorów, odsączonych

INSTRUKCJE
a) Rozgrzej olej w rondlu i smaż cebulę i marchewkę przez około 4 minuty.
b) Dodaj czosnek, słodkie ziemniaki i czerwoną paprykę, a następnie fasolę, pomidory, curry w proszku, tymianek, ziele angielskie, sól i czarny pieprz.
c) Zalać wodą i dusić pod przykryciem przez 30 minut.
d) Na sam koniec wmieszać mleko kokosowe.

50. Rosół

Czas przygotowania: 25 minut
Czas gotowania: 1 godzina 15 minut
Porcje: 6 porcji

SKŁADNIKI
- 1½ -2 funtów kurczaka, pokrojonego na kawałki
- 10 szklanek wody 2 ½ litra
- 1 funt dyni może zużyć 1 posiekaną dynię piżmową
- 2 ziemniaki irlandzkie lub słodkie ziemniaki, posiekane
- 1 Chocho posiekana
- 2 posiekane marchewki
- 2 szalotki posiekane
- 6 gałązek tymianku
- Szkocka czapka
- 8 jagód pieprzu

DO PIEROGI I WIRÓWEK
- 2 szklanki mąki bezglutenowej 260g
- ½ szklanki wody
- ½ łyżeczki różowej soli

INSTRUKCJE

a) Doprowadź garnek z wodą do wrzenia.

b) Dodaj kurczaka, połowę dyni lub dyni i ziele angielskie.

c) Gotuj mieszaninę przez 30 minut z zamkniętą pokrywką lub do momentu, aż kurczak będzie ugotowany, a dynia lub dynia miękka.

d) Użyj widelca, aby rozgnieść dynię lub dynię.

e) Aby zrobić pierogi, połącz mąkę i różową sól w średniej misce, a następnie stopniowo dodawaj wodę.

f) Połącz wodę i mąkę, aby uformować kulę ciasta.

g) Weź mały kawałek ciasta i rozwałkuj go w dłoniach.

h) Uformuj kulę ciasta w dyski, aby utworzyć typowe pierogi.

i) Delikatnie umieść każdą wirówkę i kluskę w gotującym się bulionie.

j) Dodaj pozostałą dynię lub dynię, szalotkę, Chocho, ziemniaki, marchewkę, tymianek, domową mieszankę zupy z koguta i szkocką maskę.

k) Przykryj garnek i gotuj zupę przez 45 minut lub do momentu, aż zgęstnieje.

51. Zupa kukurydziana

Czas przygotowania: 10 minut
Czas gotowania: 1 godzina 35 minut
Porcje: 6 porcji

SKŁADNIKI:
- 1½ funta solonych warkoczyków pokrojonych na kawałki i ugotowanych
- 1 ¼ szklanki żółtego groszku Split, umytego
- 5 ¼ szklanki wody
- 4 ząbki Czosnek, zmiażdżony
- 2 łyżki oleju kokosowego
- 6 gałązek świeżego tymianku
- 1 Cebula, pokrojona w kostkę
- 2 łodygi selera naciowego, pokrojone w kostkę
- ¼ szklanki posiekanej świeżej pietruszki
- 3 szalotki, posiekane
- 3 papryczki pimiento, pokrojone w kostkę
- 2 papryczki chilli Red Bird's Eye
- 3 łyżki posiekanych liści kolendry
- ¼ łyżeczki świeżo zmielonego czarnego pieprzu
- 2 szklanki pokrojonych w kostkę dyni
- 2 szklanki pokrojonych w kostkę słodkich ziemniaków
- 2 szklanki bulionu z kurczaka
- 1½ szklanki mleka kokosowego
- 2 Marchewki, pokrojone w kostkę
- 4 Kukurydzę pokroić na kawałki
- 1 puszka śmietankowej kukurydzy
- 1 szklanka mrożonej kukurydzy
- 1 Mąkę o wszechstronnym przeznaczeniu
- 1 szczypta soli

INSTRUKCJE:

a) Połącz ugotowane warkocze z żółtym groszkiem i czosnkiem i zagotuj.

b) Gotuj przez 35-40 minut lub do momentu, aż groszek będzie miękki.

c) Podgrzej olej kokosowy na średnim ogniu, następnie dodaj cebulę, szalotki, świeży tymianek, papryczki pimiento, liście kolendry, świeżą pietruszkę, papryczkę chilli Red Bird's Eye, seler i świeżo mielony czarny pieprz. Gotuj przez około 4-5 minut.

d) Dodaj słodkie ziemniaki, dynie i marchewki i dobrze wymieszaj. Następnie dodaj bulion z kurczaka i gotuj przez około 25 minut.

e) Dodaj groszek/warkocz do garnka z zupą i dobrze wymieszaj.

f) Dodaj mleko kokosowe, mrożoną kukurydzę i śmietankę kukurydzianą.

g) Gotuj przez kolejne 20 minut.

h) Umieść wodę, mąkę uniwersalną i sól w misce i ugniataj, aby uzyskać miękkie ciasto. Odstawić ciasto na około 5 minut.

i) Podziel na 3 mniejsze kulki i każdą część rozwałkuj, tworząc gruby słomkowy cylinder.

j) Pokroić na kawałki wielkości kęsa, dodać do gotującej się zupy.

k) Dodaj pokrojone kawałki kukurydzy i gotuj przez około 5 minut.

52. Zupa Warzywna z Łososiem

Porcje: 4 porcje

SKŁADNIKI:
- 2 filety z łososia, obrane ze skóry i pokrojone na małe kawałki
- 1 ½ szklanki białej cebuli, drobno posiekanej
- 1 ½ szklanki słodkich ziemniaków, obranych i pokrojonych w kostkę
- 1 szklanka różyczek brokuła, pokrojonych na małe kawałki
- 3 szklanki bulionu z kurczaka
- 2 szklanki pełnego mleka
- 2 łyżki mąki uniwersalnej
- 1 łyżeczka suszonego tymianku
- 3 łyżki niesolonego masła
- 1 liść laurowy
- Sól i pieprz do smaku
- Płaska pietruszka, drobno posiekana

INSTRUKCJE:
a) Smaż posiekaną cebulę na niesolonym maśle, aż będzie przezroczysta. Wsyp mąkę i dobrze wymieszaj z masłem i cebulą. Wlać bulion z kurczaka i mleko, następnie dodać kostki batata, liść laurowy i tymianek.
b) Pozostaw mieszaninę na wolnym ogniu przez 5-10 minut, od czasu do czasu mieszając.
c) Dodaj różyczki łososia i brokuła. Następnie gotuj przez 5-8 minut.
d) Dopraw solą i pieprzem i w razie potrzeby dostosuj smak.
e) Przełożyć do małych miseczek i udekorować posiekaną natką pietruszki.

53. Gulasz z żubra i warzyw

Porcje: 5-6

Składniki
- 1 funt mielonego żubra
- 1-2 łyżki oleju z awokado
- 3 duże marchewki (2 szklanki), posiekane
- 3 łodygi selera (1 szklanka), pokrojone w plasterki
- 2 duże białe słodkie ziemniaki (2 szklanki), posiekane
- 1/2 łyżeczki soli
- 2 łyżeczki kurkumy
- 3 szklanki bulionu z kurczaka
- 1 1/2 szklanki dyni piżmowej, puree
- 3 szklanki jarmużu, posiekanego
- świeża pietruszka, posypka (opcjonalnie)

Kierunki

a) Rozgrzej dużą patelnię na średnim ogniu i dodaj mielonego żubra, rozbijając go na kawałki. Gdy mięso będzie gotowe, zdejmij je z patelni i odstaw na bok.

b) Rozgrzej olej z awokado w dużym garnku na średnim ogniu. Po podgrzaniu dodać pokrojoną marchewkę i seler. Smażyć przez około 8 minut.

c) Dodaj białe słodkie ziemniaki, sól i kurkumę i połącz składniki. Kontynuuj gotowanie składników na średnim ogniu, okresowo mieszając, przez kolejne 10 minut lub do momentu, aż warzywa nieco zmiękną.

d) Dodaj bulion, puree z dyni piżmowej, jarmuż i bizona. Wymieszaj wszystkie składniki razem i ustaw na małym lub średnim ogniu, pozwalając gulaszowi gotować się przez około 30 minut.

e) Gdy gulasz będzie gotowy, podawaj na ciepło i posyp świeżą pietruszką, jeśli chcesz.

54. Kokosowe Curry z Wołowiną

PORCJI: 4

SKŁADNIKI:
- 1 ½ funta wołowina, pokrojona w kawałki
- ½ szklanki bazylii, pokrojonej w plasterki
- 2 łyżki brązowego cukru
- 2 łyżki sosu rybnego
- ¼ szklanki bulionu z kurczaka
- ¾ szklanki mleka kokosowego
- 2 łyżki pasty curry
- 1 cebula, pokrojona
- 1 papryka pokrojona w plasterki
- 1 słodki ziemniak

INSTRUKCJE:
a) W garnku błyskawicznym połącz wszystkie składniki oprócz bazylii i dobrze wymieszaj.
b) Gotuj na wysokim poziomie przez 15 minut po zamknięciu garnka pokrywką.
c) Pozwól, aby ciśnienie naturalnie spadło przed otwarciem pokrywy.
d) Dodać bazylię i dokładnie wymieszać.
e) Podawać.

55. Zupa ze słodkich ziemniaków i dyni

Przepis na 4 do 6 porcji

SKŁADNIKI:
- 1 mała dynia (około 2 funtów)
- 1 łyżeczka oliwy z oliwek extra vergine
- 5 szklanek bulionu warzywnego, [domowej roboty](#) lub kupione w sklepie
- 1 (2-calowa) laska cynamonu
- ½ łyżeczki grubej soli morskiej
- 2 słodkie ziemniaki (łącznie około 1½ funta), obrane i pokrojone na 1-calowe kawałki
- 1 filiżanka [Kremowane Orzechy Nerkowca](#)
- Świeżo mielony biały pieprz

INSTRUKCJE:
a) Rozgrzej piekarnik do 275°F. Wyłóż małą, obrzeżoną blachę do pieczenia pergaminem.

b) Odetnij górę dyni i wydrąż nasiona. (Dobrze, jeśli nasiona mają na sobie resztki dyni.) Włóż nasiona do małej miski, skrop olejem i mieszaj, aż równomiernie się pokryje.

c) Rozłóż nasiona w jednej warstwie na wyłożonej blachą do pieczenia i piecz przez około 15 minut, aż lekko się zrumienią, mieszając co 5 minut, aby równomiernie się upiekły. Odłożyć na bok.

d) W międzyczasie obierz dynię i pokrój ją na 1-calowe kawałki. Umieść bulion, laskę cynamonu i sól w dużym rondlu na średnim ogniu i zagotuj. Gotuj przez 5 minut, następnie dodaj dynię i słodkie ziemniaki. Zwiększyć ogień do dużego i doprowadzić do wrzenia.

e) Natychmiast zmniejsz ciepło do średnio-niskiego, przykryj i gotuj na wolnym ogniu, mieszając od czasu do czasu, aż warzywa będą miękkie, około 35 minut. Wymieszaj z kremem z nerkowców.

f) Używając standardowego blendera i pracując w partiach lub używając blendera zanurzeniowego, zmiksuj zupę na gładką masę. Wlej zupę z powrotem do rondla i gotuj na średnim ogniu, od czasu do czasu mieszając, aż się rozgrzeje.

g) W razie potrzeby rozcieńczyć wodą, aby zupa łatwo wypływała z łyżki. Doprawiamy solą i pieprzem do smaku. Podawać udekorowane prażonymi pestkami dyni.

56. Tajskie curry ze słodkich ziemniaków

Sprawia, że: 4-5

SKŁADNIKI:
- Olej: 1 łyżka
- Szalotki: 2, cienko pokrojone
- Słodkie ziemniaki: 2 (obrane i pokrojone w kostkę)
- Świeży szpinak baby: 3-4 filiżanki
- Pasta curry: 2-3 łyżki
- Zwykłe mleko kokosowe: 1 (14 uncji)
- Rosół lub woda: ½- 1 szklanka
- Orzeszki ziemne i kolendra: ½ szklanki (posiekane)
- Sos sojowy: do smaku

INSTRUKCJE:
a) Czosnek, szalotka i imbir powinny być upieczone.
b) W robocie kuchennym wymieszaj wszystkie składniki i trochę przypraw, pastę z trawy cytrynowej i kolendrę.
c) Rozgrzej olej do średnio-wysokiej temperatury.
d) Wmieszaj szalotki i słodkie ziemniaki, aby pokryły się olejem.
e) Mieszaj pastę curry, aż będzie dobrze wymieszana.
f) Dodaj szpinak, aż całkowicie zwiędnie.
g) Dodaj mieszankę orzeszków ziemnych/kolendry, zachowując trochę do dekoracji.
h) Dodać sos sojowy.
i) Podawać z pozostałymi orzeszkami ziemnymi/kolendrą na wierzchu ryżu.

57. Gorący garnek z tajskim curry

Sprawia, że: 8-10

SKŁADNIKI:
SKŁADNIKI HOT POT BULION:
- Oliwa z oliwek: 1 łyżka
- Ząbki czosnku: 5, posiekane
- Świeży imbir: 1 cal (pokrojony w grube plastry)
- Podstawy kuchni Wywar warzywny: 8 filiżanek
- Mleko kokosowe: 3 puszki (15 uncji)
- Czerwona pasta curry Thai Kitchen: 4-6 łyżek stołowych (do smaku)

HOT POT DIPPERY I SKŁADNIKI NA POLE:
- Chrupiące tofu
- Makaron / Ryż
- Papryka w plasterkach, słodkie ziemniaki, brokuły, marchew, cebula, groszek, kalafior, kabaczek, pieczarki Zieloni
- Kapusta, baby bok choy, jarmuż, szpinak lub kapusta
- Świeże zioła
- Świeże chili
- Prażone płatki kokosowe
- Ćwiartki limonki
- Zielona cebula: cienko pokrojona

INSTRUKCJE:

a) W dużym garnku rozgrzej oliwę z oliwek.
b) Dodaj czosnek i imbir i gotuj.
c) Mieszaj bulion warzywny i mleko kokosowe, aż wszystko dobrze się połączy.
d) Następnie wymieszaj 3 do 4 łyżek pasty curry, aż całkowicie się rozpuści.
e) Spróbuj i jeśli to konieczne, dodaj więcej pasty curry.
f) Przykryj i gotuj przez 5 minut na małym ogniu. Następnie wyjmij plastry imbiru.
g) Gotuj, aż będzie gotowy do podania.
h) Dodaj ulubione dipy, zagotuj i odcedź je do misek za pomocą sitka.
i) Napełnij każdą miskę chochlą bulionu.
j) Udekoruj ulubionymi dodatkami i podawaj na gorąco.

58. **Pikantna zupa Cannellini z jarmużu**

Robi: 12

SKŁADNIKI:
- Ser parmezan (rozdrobniony) 1 szklanka
- Giardiniera 1/2 szklanki
- Oliwa z oliwek w razie potrzeby
- Ciężka śmietanka do ubijania 1/2 szklanki
- Świeży jarmuż (posiekany) 3 szklanki
- Fasola Cannellini (odsączona i wypłukana) 2 szklanki
- Bulion warzywny 1¾ szklanki
- pieprz 1/4 łyżeczki
- Sól 1/2 łyżeczki
- Płatki czerwonej papryki (zmiażdżone) 1 łyżeczka
- Szałwia (przetarta) 1 łyżeczka
- Jabłka Granny Smith, średnie (posiekane i obrane) 2
- Słodkie ziemniaki, średnie (pokrojone w kostkę) 5
- Miód 1 łyżeczka
- Ząbki czosnku (posiekane) 3
- Cebula, średnia (drobno posiekana) 1
- Oliwa z oliwek 2 łyżki

INSTRUKCJE:

a) Weź 6-litrowy garnek i rozgrzej w nim olej na średnim ogniu.

b) Dodaj cebulę i gotuj i mieszaj przez 7 do 8 minut, aż zmiękną.

c) Dodaj czosnek i gotuj jeszcze przez 1 minutę. Wymieszaj w nim bulion, przyprawy, miód, jabłka i słodkie ziemniaki.

d) Zagotuj i zmniejsz ogień. Gotuj na wolnym ogniu i przykryj przez pół godziny, aż ziemniaki będą miękkie.

e) Użyj blendera zanurzeniowego, aby zmiksować zupę lub lekko schłodź zupę i zmiksuj ją porcjami do blendera. Włóż z powrotem do garnka.

f) Dodaj jarmuż i fasolę i gotuj. Trzymaj odkryte na średnim ogniu przez 15 minut, aż jarmuż stanie się miękki. Mieszaj okresowo.

g) Wymieszaj w nim śmietanę i podawaj z dodatkami według uznania.

59. Gulasz Z Kurczaka Z Batatów

Robi: 8

SKŁADNIKI:

- Ryż brązowy (gorący i ugotowany) według uznania
- pieprz cayenne 1/4 łyżeczki
- Suszony tymianek (podzielony) 1/2 łyżeczki
- Masło orzechowe (kremowe) 1/4 szklanki
- Rosół z kurczaka (o obniżonej zawartości sodu) 1 szklanka
- Słodkie ziemniaki, duże (obrane i pokrojone w 1 calową kostkę)1
- Zmiażdżone pomidory 3 ½ szklanki
- Czarnooki groszek (odsączony i wypłukany) 2 szklanki
- Świeży korzeń imbiru (mielony) 2 łyżki
- Ząbki czosnku (posiekane) 6
- Cebula, średnia (pokrojona w cienkie plasterki) 1
- Olej rzepakowy (podzielony) 3 łyżeczki
- pieprz 1/4 łyżeczki
- Sól 1/2 łyżeczki
- Piersi z kurczaka (bez skóry, bez kości i pokrojone w kostkę) 2 szklanki

INSTRUKCJE:

a) Posyp trochę pieprzu i soli kurczaka. Gotuj kurczaka na średnim ogniu w dwóch łyżeczkach oleju przez 5 minut w holenderskim piekarniku, aż kurczak nie będzie już różowy; Wyjmij kurczaka z piekarnika i odłóż na bok.

b) Na tej samej patelni podsmaż cebulę na pozostałym oleju, aż zmięknie. Dodaj imbir i czosnek; gotować jeszcze minutę.

c) Wymieszaj w nim cayenne, 1¼ łyżeczki tymianku, masło orzechowe, bulion, słodkie ziemniaki, pomidory i groszek.

d) Zagotuj je i zmniejsz ciepło; przykryj i gotuj na wolnym ogniu przez 15 do 20 minut, aż ziemniak będzie miękki. Dodaj kurczaka i odpowiednio podgrzej.

e) W razie potrzeby podawaj z ryżem. Posypać pozostałym tymiankiem.

60. Gulasz z soczewicy ze słodkich ziemniaków

Robi: 6

SKŁADNIKI:
- Świeża kolendra (mielona) 1/4 szklanki
- Bulion warzywny 5¼ szklanki
- pieprz cayenne 1/4 łyżeczki
- Imbir, mielony 1/4 łyżeczki
- Kminek, mielony 1/2 łyżeczki
- Ząbki czosnku (posiekane) 4
- Cebula, średnia (posiekana) 1
- Marchewka, średnia (pokrojona na kawałki 1 cal) 3
- Suszona soczewica (przepłukana) 1½ szklanki
- Słodkie ziemniaki, średnie 2¼ szklanki

INSTRUKCJE:

a) Weź 3-kwartową kuchenkę (wolną) i zbierz ostatnie dziewięć składników.

b) Gotuj je, ale nie przykrywaj.

c) Gotuj na małym ogniu przez 5 do 6 godzin, aż soczewica i warzywa będą miękkie. Wmieszaj w to kolendrę.

61. Zupa Callaloo

Czas przygotowania: 20 minut
Czas gotowania: 1 godzina
Porcje: 4 -6 porcji

SKŁADNIKI
- 6 filiżanek callaloo lub szpinaku
- 1½ szklanki pokrojonych w kostkę słodkich ziemniaków
- 1½ szklanki dyni piżmowej, pokrojonej w kostkę
- 1 cebula pokrojona w plasterki
- 4 ząbki czosnku posiekane
- ½ łyżki suszonego tymianku
- ¼ szkockiej maski nie za dużo
- 1 łyżeczka różowej soli himalajskiej
- 1 szalotka lub 3 posiekane
- ¼ łyżeczki czarnego pieprzu
- 4-5 okr pokrojonych w plastry
- 2 szklanki bulionu warzywnego
- 2 szklanki mleka kokosowego
- 2 łyżki oleju kokosowego

INSTRUKCJE

a) Rozgrzej ciężki rondel na średnim ogniu przed dodaniem oleju kokosowego.

b) Podsmaż czosnek, cebulę i szalotkę przez minutę lub do momentu, aż cebula zmięknie.

c) Dodaj pokrojone w kostkę orzechy piżmowe, słodkie ziemniaki i okrę.

d) Pozwól warzywom dusić się na patelni przez dwie do trzech minut, ciągle mieszając, aby zapobiec przypaleniu.

e) Dodaj szkocką czapeczkę, tymianek, sól i pieprz, mieszając warzywa.

f) Dodaj szpinak lub callaloo na patelnię.

g) Dodaj mleko kokosowe i bulion warzywny, a następnie zmniejsz ogień.

h) Przykryj patelnię pokrywką i gotuj miksturę, aż zgęstnieje, do godziny.

i) Po osiągnięciu wymaganej grubości można pulsować za pomocą zanurzeniowego blendera, aby uzyskać konsystencję bardziej przypominającą zupę.

62. Gulasz Z Ciecierzycy ze Słodkich Ziemniaków

Robi: 4

SKŁADNIKI:
- 15 uncji ciecierzycy, odsączonej i opłukanej
- 2 szklanki słodkich ziemniaków, obranych i pokrojonych w kostkę
- 4 łyżki bulionu warzywnego
- 15 uncji pieczonego w ogniu zmiażdżonego pomidora, 1 puszka
- 3 ząbki czosnku, posiekane
- 1 mała cebula, pokrojona w kostkę
- 1 łyżeczka imbiru, posiekanego
- 3 szklanki bulionu warzywnego
- 5 uncji świeżego szpinaku
- 1/4 łyżeczki suszonej kolendry
- 1/8 łyżeczki cayenne
- 1 łyżka słodkiej papryki
- 1/2 łyżeczki kminku

INSTRUKCJE:
a) W dużym garnku lub piekarniku podgrzej bulion warzywny na średnim ogniu. Gdy bulion się zagotuje, gotuj cebulę przez 4-5 minut lub do momentu, aż stanie się przezroczysta.
b) Mieszaj czosnek i imbir przez co najmniej 2 do 3 minut. Gotuj i mieszaj od czasu do czasu, aż zacznie pachnieć, a następnie dodaj słodką paprykę, kminek, kolendrę i cayenne.
c) W rondlu zagotować ciecierzycę, słodkie ziemniaki, zmiażdżone pomidory i bulion warzywny. Zmniejsz ogień do średnio-niskiego i pozwól słodkim ziemniakom gotować się przez 15-20 minut lub do miękkości.
d) Mieszaj ze szpinakiem, aż zmięknie. Natychmiast podawaj.

63. **Kokosowe Curry Soczewica**

Robi: 10

SKŁADNIKI:
- 2 szklanki brązowej soczewicy
- 14oz puszka mleka kokosowego, pełnotłuste
- 3 łyżki curry w proszku
- 2 ząbki czosnku
- 1 żółta cebula
- 15 uncji sosu pomidorowego
- 1 3/4 funta słodkich ziemniaków
- 3 szklanki bulionu warzywnego
- 2 marchewki
- 15 uncji drobnych pomidorów pokrojonych w kostkę
- 1/4 łyżeczki mielonych goździków

DO SERWOWANIA
- 1/2 czerwonej cebuli
- 1/2 pęczka świeżej kolendry
- 10 szklanek ugotowanego ryżu

INSTRUKCJE:

a) Posiekaj czosnek i pokrój cebulę. Pokrój obrane marchewki i pokrój słodkiego ziemniaka w kostki o grubości od ¼ do ½ cala.

b) W wolnej kuchence połącz czosnek, cebulę, słodkie ziemniaki, marchewkę, soczewicę, curry w proszku, goździki, pokrojone w kostkę pomidory, sos pomidorowy i bulion warzywny. Wymieszaj wszystko razem.

c) Ustaw powolną kuchenkę na wysoką na 4 godziny lub niską na 7-8 godzin. Gdy soczewica będzie gotowa, powinna być miękka i wchłonąć większość płynu.

d) Połącz soczewicę i mleko kokosowe w misce. Dostosuj sól lub inne przyprawy do smaku.

e) Do podania umieść 1 szklankę ugotowanego ryżu w misce, a następnie 1 szklankę mieszanki soczewicy.

f) Podawać udekorowane drobno pokrojoną w kostkę czerwoną cebulą i świeżą kolendrą.

MAKARON

64. Gnocchi z kasztanów i słodkich ziemniaków

Porcje: 4 Porcje

SKŁADNIKI:

GNOCCHI
- 1 + ½ szklanki pieczonych słodkich ziemniaków
- ½ szklanki mąki kasztanowej
- ½ szklanki ricotty z pełnego mleka
- 2 łyżeczki koszernej soli
- ½ szklanki mąki bezglutenowej
- Biały pieprz do smaku
- Wędzona papryka do smaku

RAGU Z GRZYBÓW I KASZTANÓW
- 1 szklanka grzyba guzikowego, pokrojonego na 4
- 2-3 pieczarki portobello pokrojone w cienkie paski
- 1 taca grzybów shimeji (białych lub brązowych)
- ⅓ szklanki kasztanów pokrojonych w kostkę
- 2 łyżki masła
- 2 szalotki, drobno posiekane
- 2 ząbki czosnku, drobno posiekane
- 1 łyżeczka koncentratu pomidorowego
- Białe wino (do smaku)
- Sól koszerna (do smaku)
- 2 łyżki świeżej szałwii, drobno posiekanej
- Pietruszka do smaku

SKOŃCZYĆ
- 2 łyżki oliwy z oliwek
- Parmezan (do smaku)

INSTRUKCJE:
GNOCCHI

a) Rozgrzej piekarnik do 380 stopni.

b) Nakłuć słodkie ziemniaki na całej powierzchni widelcem.

c) Ułóż słodkie ziemniaki na wyłożonej brzegami blasze do pieczenia i piecz przez około 30 minut lub do miękkości. Niech ostygnie.

d) Obierz słodkie ziemniaki i przenieś je do robota kuchennego. Puree do uzyskania gładkości.

e) W dużej misce wymieszaj suche składniki (mąka kasztanowa, sól, mąka bezglutenowa, biały pieprz i wędzona papryka) i odłóż je na bok.

f) Przenieś puree ze słodkich ziemniaków do dużej miski. Dodaj ricottę i dodaj ¾ suszonej mieszanki. Przenieś ciasto na mocno posypaną mąką powierzchnię roboczą i delikatnie zagniataj więcej mąki, aż ciasto się połączy, ale nadal będzie bardzo miękkie.

g) Podziel ciasto na 6-8 kawałków i zwiń każdy kawałek w linę o grubości 1 cala.

h) Pokrój liny na kawałki o długości 1 cala i oprósz każdy kawałek mąką bezglutenową.

i) Rozwałkuj każde gnocchi na zębach oprószonego mąką widelca, aby zrobić małe wgłębienia.

j) Trzymaj go na tacy w lodówce, dopóki nie będziesz gotowy do użycia.

RAGU Z GRZYBÓW I KASZTANÓW

k) Na rozgrzanej patelni roztapiamy masło i dodajemy szczyptę soli.

l) Dodaj szalotki, czosnek i szałwię i smaż przez 10 minut, aż szalotki będą przezroczyste.

m) Dodaj wszystkie pieczarki i smaż na dużym ogniu, ciągle mieszając.

n) Dodaj koncentrat pomidorowy i białe wino i gotuj, aż grzyby będą miękkie i delikatne.

o) Posyp ragu świeżą posiekaną natką pietruszki i pokrojonymi w kostkę kasztanami. Odłożyć na bok.

SKOŃCZYĆ

p) Doprowadź duży garnek osolonej wody do wrzenia. Dodaj gnocchi ze słodkich ziemniaków i gotuj, aż wypłyną na powierzchnię, około 3-4 minut.

q) Za pomocą łyżki cedzakowej przełóż gnocchi na duży talerz. Powtórz z pozostałymi gnocchi.

r) Rozpuść 2 łyżki oliwy z oliwek na dużej patelni.

s) Dodać gnocchi, delikatnie mieszając, aż gnocchi się skarmelizują.

t) Dodaj grzyby Ragu i dodaj kilka łyżek wody z gnocchi.

u) Delikatnie wymieszaj i gotuj przez 2-3 minuty na dużym ogniu.

v) Podawać z odrobiną parmezanu na wierzchu.

65. Bucatini z pesto i słodkimi ziemniakami

sprawia, że: 4 Porcje

SKŁADNIKI:

- 1 słodki ziemniak, obrany i pokrojony w kostkę
- 1 czerwona cebula, pokrojona w małe kliny
- 1/3 szklanki + 2 łyżki stołowe. oliwy z oliwek, równo podzielone
- Szczypta soli i czarnego pieprzu
- 4 szklanki jarmużu, świeżego i porwanego
- ½ szklanki natki pietruszki, płaskiej i świeżej
- 2 uncje parmezanu, świeżo startego i dodatkowo do serwowania
- 1 ząbek czosnku
- 2 łyżeczki. skórki z cytryny
- 1 ½ łyżki stołowej. sok z cytryny, świeży
- 12 uncji bucatini
- Orzeszki piniowe, lekko prażone, do podania

INSTRUKCJE:

a) Najpierw rozgrzej piekarnik do 425 stopni.

b) Gdy piekarnik się nagrzewa, użyj dużej blachy do pieczenia i dodaj pokrojone w kostkę ziemniaki, kliny cebuli i dwie łyżki oliwy z oliwek. Wrzucić do wymieszania. Dopraw odrobiną soli i czarnego pieprzu.

c) Wstaw do piekarnika i piecz przez 24 do 26 minut lub do momentu, aż ziemniaki i cebula będą miękkie.

d) W tym czasie włóż jarmuż i posiekaną natkę pietruszki do robota kuchennego. Pulsuj 5 razy lub do posiekania. Następnie dodaj parmezan, ząbek czosnku, świeżą skórkę z cytryny i świeży sok z cytryny. Pulsuj ponownie przez kolejne 12 razy.

e) Powoli wlej pozostałą 1/3 szklanki oliwy z oliwek do mieszanki i kontynuuj pulsowanie. Dopraw odrobiną soli i czarnego pieprzu.

f) Następnie ugotuj makaron we wrzącej wodzie do miękkości. Po ugotowaniu odcedzamy makaron i odstawiamy. Pamiętaj, aby zarezerwować ¼ szklanki wody z makaronu.

g) Dodaj ugotowany makaron, świeżo przygotowane pesto i pieczone warzywa do dużej miski. Wrzucić do wymieszania. Wlej wodę z makaronu i ponownie wymieszaj.

h) Podawaj od razu z parmezanem i prażonymi orzeszkami pinii.

66. Gnocchi z kasztanów i słodkich ziemniaków

Porcje: 4 Porcje

SKŁADNIKI:
GNOCCHI
- 1 + ½ szklanki pieczonych słodkich ziemniaków
- ½ szklanki mąki kasztanowej
- ½ szklanki ricotty z pełnego mleka
- 2 łyżeczki koszernej soli
- ½ szklanki mąki bezglutenowej
- Biały pieprz do smaku
- Wędzona papryka do smaku

RAGU Z GRZYBÓW I KASZTANÓW
- 1 szklanka grzyba guzikowego, pokrojonego na 4
- 2-3 pieczarki portobello pokrojone w cienkie paski
- 1 taca grzybów shimeji (białych lub brązowych)
- 1/3 szklanki kasztanów, pokrojonych w kostkę
- 2 łyżki masła
- 2 szalotki, drobno posiekane
- 2 ząbki czosnku, drobno posiekane
- 1 łyżeczka koncentratu pomidorowego
- Białe wino (do smaku)
- Sól koszerna (do smaku)
- 2 łyżki świeżej szałwii, drobno posiekanej
- Pietruszka do smaku

SKOŃCZYĆ
- 2 łyżki oliwy z oliwek
- Parmezan (do smaku)

INSTRUKCJE:
GNOCCHI
a) Rozgrzej piekarnik do 380 stopni.
b) Nakłuć słodkie ziemniaki na całej powierzchni widelcem.
c) Ułóż słodkie ziemniaki na wyłożonej brzegami blasze do pieczenia i piecz przez około 30 minut lub do miękkości. Niech ostygnie.
d) Obierz słodkie ziemniaki i przenieś je do robota kuchennego. Puree do uzyskania gładkości.
e) W dużej misce wymieszaj suche składniki (mąka kasztanowa, sól, mąka bezglutenowa, biały pieprz i wędzona papryka) i odłóż je na bok.
f) Przenieś puree ze słodkich ziemniaków do dużej miski. Dodaj ricottę i dodaj ¾ suszonej mieszanki. Przenieś ciasto na mocno posypaną mąką powierzchnię roboczą i delikatnie zagniataj więcej mąki, aż ciasto się połączy, ale nadal będzie bardzo miękkie.
g) Podziel ciasto na 6-8 kawałków i zwiń każdy kawałek w linę o grubości 1 cala.
h) Pokrój liny na kawałki o długości 1 cala i oprósz każdy kawałek mąką bezglutenową.
i) Rozwałkuj każde gnocchi na zębach oprószonego mąką widelca, aby zrobić małe wgłębienia.
j) Trzymaj go na tacy w lodówce, dopóki nie będziesz gotowy do użycia.

RAGU Z GRZYBÓW I KASZTANÓW
k) Na rozgrzanej patelni roztapiamy masło i dodajemy szczyptę soli.
l) Dodaj szalotki, czosnek i szałwię i smaż przez 10 minut, aż szalotki będą przezroczyste.
m) Dodaj wszystkie pieczarki i smaż na dużym ogniu, ciągle mieszając.
n) Dodaj koncentrat pomidorowy i białe wino i gotuj, aż grzyby będą miękkie i delikatne.

o) Posyp ragu świeżą posiekaną natką pietruszki i pokrojonymi w kostkę kasztanami. Odłożyć na bok.

SKOŃCZYĆ

p) Doprowadź duży garnek osolonej wody do wrzenia. Dodaj gnocchi ze słodkich ziemniaków i gotuj, aż wypłyną na powierzchnię, około 3-4 minut.

q) Za pomocą łyżki cedzakowej przełóż gnocchi na duży talerz. Powtórz z pozostałymi gnocchi.

r) Rozpuść 2 łyżki oliwy z oliwek na dużej patelni.

s) Dodać gnocchi, delikatnie mieszając, aż gnocchi się skarmelizują.

t) Dodaj grzyby Ragu i dodaj kilka łyżek wody z gnocchi.

u) Delikatnie wymieszaj i gotuj przez 2-3 minuty na dużym ogniu.

v) Podawać z odrobiną parmezanu na wierzchu.

BOKI

67. Słodkie ziemniaki z limonką i tequilą

Porcje: 1 porcja

SKŁADNIKI:
- 2 funty Słodkie ziemniaki; obrane
- ¼ szklanki świeżego soku z limonki
- 2 łyżki miodu
- 1 łyżka Tequili

INSTRUKCJE:

a) Pokrój słodkie ziemniaki na plastry o grubości ¾ cala. Gotuj plastry na dużej patelni na dużym ogniu przez około 6 minut. Odpływ. Słodkie ziemniaki powinny być po prostu miękkie. W misce wymieszaj sok z limonki, miód i tequilę.

b) Posmarować ziemniaki. Grillować na natłuszczonym ruszcie przez 4 do 6 minut. Wielokrotnie szczotkuj mieszanką i często obracaj. Słodkie ziemniaki są gotowe, gdy są rumiane.

68. Puree z boczku ze słodkich ziemniaków

Robi: 4

SKŁADNIKI:
- 3 słodkie ziemniaki, obrane
- 4 uncje boczku, posiekanego
- 1 szklanka bulionu z kurczaka
- 1 łyżka masła
- 1 łyżeczka soli
- 2 uncje parmezanu, startego

INSTRUKCJE:
a) Pokrój słodkiego ziemniaka w kostkę i włóż na patelnię.
b) Dodaj bulion z kurczaka i zamknij pokrywkę.
c) Gotuj warzywa, aż będą miękkie.
d) Po tym czasie odcedź bulion z kurczaka.
e) Zetrzyj słodkiego ziemniaka za pomocą tłuczka do ziemniaków. Dodaj starty ser i masło.
f) Wymieszaj razem sól i posiekany boczek. Smaż, aż masa będzie chrupiąca (10-15 minut).
g) Dodaj ugotowany bekon do puree ze słodkich ziemniaków i wymieszaj łyżką.
h) Posiłek zaleca się podawać na ciepło lub gorąco.

69. Smażone Słodkie Ziemniaki Z Parmezanem

Tworzy: 2

SKŁADNIKI:
- 2 słodkie ziemniaki, obrane
- ½ żółtej cebuli, pokrojonej w plasterki
- ½ szklanki śmietany
- ¼ szklanki szpinaku
- 2 uncje parmezanu, rozdrobnione
- ½ łyżeczki soli
- 1 pomidor
- 1 łyżeczka oliwy z oliwek

INSTRUKCJE:
a) Posiekaj słodkie ziemniaki.
b) Posiekaj pomidora.
c) Posiekaj szpinak.
d) Spryskaj tacę frytownicy olejem z oliwek.
e) Następnie ułożyć na warstwie pokrojonego słodkiego ziemniaka.
f) Dodaj warstwę pokrojonej cebuli.
g) Następnie posyp pokrojoną cebulę posiekanym szpinakiem i pomidorami.
h) Zapiekankę posypać solą i startym serem.
i) Wlać śmietanę.
j) Rozgrzej frytkownicę do 390 F.
k) Przykryj tacę frytownicy folią.
l) Gotuj zapiekankę przez 35 minut.

70. Słodkie ziemniaki z tamaryndą

Robi: 4

SKŁADNIKI:
- 1 łyżka świeżego soku z cytryny
- 4 słodkie ziemniaki, obrane i pokrojone w kostkę
- ¼ łyżeczki czarnej soli
- 1½ łyżki chutneyu z tamaryndowca
- ½ łyżeczki nasion kminku, uprażonych i grubo rozgniecionych

INSTRUKCJE:
a) Gotuj słodkie ziemniaki przez 7 minut w osolonej wodzie, aż będą miękkie.
b) Odcedź i odstaw do ostygnięcia.
c) Połącz wszystkie składniki w misce miksera i delikatnie wymieszaj.
d) Podawać w miseczkach z wykałaczkami wbitymi w pokrojone w kostkę słodkie ziemniaki.

71. Jesienne warzywa z grilla

Porcja: 1 porcja

Składniki
- 2 ziemniaki, pokrojone w kostkę
- 1 dynia żołędziowa, pokrojona w kostkę
- ¼ szklanki masła; stopiony
- 1 łyżka tymianku
- Sól i pieprz do smaku
- 2 Słodkie ziemniaki, pokrojone w kostkę
- 3 łyżki oleju roślinnego

Kierunki
a) Przygotuj grill do grillowania pośredniego.
b) Połącz warzywa, olej, sól i pieprz w misce.
c) Na małym talerzu wymieszaj masło i tymianek.
d) Umieść warzywa na grillu.
e) Gotuj przez 15 minut z zamkniętą pokrywą.
f) Odwrócić, posmarować mieszanką masła i tymianku i gotować przez kolejne 15 minut, aż warzywa będą miękkie.

72. Grillowane warzywa Chimichurri

Robi 4 Porcje

Składniki
- 1/2 szklanki oliwy z oliwek
- 2 łyżeczki świeżego tymianku
- 2 szalotki, pokrojone w ćwiartki
- 3 ząbki czosnku, zmiażdżone
- 1/3 szklanki świeżych liści pietruszki
- 1/4 szklanki świeżych listków bazylii
- 1/2 łyżeczki soli
- 2 łyżki świeżego soku z cytryny
- 1 czerwona cebula, pokrojona w ćwiartki
- 1 słodki ziemniak, obrany i pokrojony w kostkę
- 1 cukinia, pokrojona po przekątnej
- 2 dojrzałe banany, przekrojone wzdłuż na pół
- 1/4 łyżeczki czarnego pieprzu

Kierunki
a) Rozgrzej grilla.
b) W robocie kuchennym drobno posiekaj szalotki i czosnek.
c) Pulsuj, aż pietruszka, bazylia, tymianek, sól i pieprz zostaną drobno posiekane. Miksuj, aż sok z cytryny i oliwa z oliwek dobrze się połączą. Przenieś do małej miski.
d) Posmaruj warzywa sosem Chimichurri.
e) Połóż je na grillu, aby się upiekły.
f) Kontynuuj grillowanie, aż warzywa będą miękkie, od 10 do 15 minut dla wszystkiego oprócz bananów, co powinno być zrobione w 7 minut.
g) Podawaj od razu z odrobiną pozostałego sosu.

73. Pieczone Czosnkowe Słodkie Ziemniaki

4 porcje

Składniki

- 1-1/2 funta nieobranych słodkich ziemniaków, pokrojonych na 1/2-calowe kawałki
- 12 ząbków czosnku, obranych i przekrojonych na pół
- 1 łyżka oliwy z oliwek extra vergine
- 1–2 łyżki mielonego serrano lub jalapeño chile 3/4 łyżeczki suszonego tymianku 1/2 łyżeczki soli koszernej
- 1/2 łyżeczki pieprzu

Kierunki

a) Rozgrzej piekarnik i patelnię. Umieść 12-calową żaroodporną patelnię lub naczynie żaroodporne wystarczająco duże, aby pomieścić ziemniaki w jednej warstwie w piekarniku, ustaw ciepło na 375 ° F i podgrzewaj patelnię przez 30 minut.

b) Wymieszać składniki. Gdy patelnia się nagrzewa, połącz wszystkie składniki w misce.

c) Piecz ziemniaki. Wyjmij rozgrzaną patelnię z piekarnika i natychmiast równomiernie rozprowadź wymieszane składniki. Włóż patelnię do piekarnika i piecz ziemniaki przez 45 minut, mieszając co 15 minut, aby równomiernie się upiekły.

74. Słodkie ziemniaki glazurowane metodą sous vide

Porcje: 6

SKŁADNIKI:
- 2-1/2 funta słodkich ziemniaków, obranych i pokrojonych na 1-1/2-calowe kawałki
- 1/3 szklanki czystego syropu klonowego
- 2 łyżki masła, stopionego
- 1 łyżka soku z cytryny
- 1/2 łyżeczki soli

INSTRUKCJE:
a) Ustaw Anovę na 190F/87,7C.
b) Połącz wszystkie składniki w zamkniętej próżniowo torebce.
c) Zanurz torebkę w łaźni wodnej i gotuj przez co najmniej 60 minut i nie dłużej niż 90 minut.
d) Wyjąć z torebki i skropić płynem ziemniaki przed podaniem.

75. Boczek I Słodkie Ziemniaki

PORCJI: 4

SKŁADNIKI:
- ½ szklanki soku pomarańczowego
- 4 plastry bekonu, ugotowane i pokruszone
- 4 funty słodkich ziemniaków, pokrojone w plasterki
- 3 łyżki nektaru z agawy
- ½ łyżeczki tymianku, suszonego
- ½ łyżeczki szałwii, zmiażdżonej
- 1 łyżeczka curry w proszku
- Szczypta soli morskiej i czarnego pieprzu
- 2 łyżki oliwy z oliwek

INSTRUKCJE:
a) W garnku instant połącz plastry słodkich ziemniaków, sok pomarańczowy, nektar z agawy, tymianek, szałwię, curry, sól morską, czarny pieprz, oliwę z oliwek i boczek.
b) Gotuj na poziomie High przez 10 minut pod przykryciem.
c) Przełożyć na talerze śniadaniowe i podawać.

76. **Mieszanka Ziemniaczana Gouda**

Robi: 12

SKŁADNIKI:
- pieprz 1/2 łyżeczki
- Papryka 1 łyżeczka
- Sól 1/2 łyżeczki
- Ser Gouda (rozdrobniony) 1 szklanka
- 2% mleko 1/2 szklanki
- Słodkie ziemniaki, średnie (pokrojone w kostkę i obrane) 2 Złote ziemniaki Yukon, średnie (pokrojone w kostkę i obrane) 6

INSTRUKCJE:

a) Umieść słodkie ziemniaki i Yukon Gold w holenderskim piekarniku. Dodać wodę tak, aby przykryła składniki. Zagotuj je, a następnie zmniejsz ogień.

b) Gotuj, ale pozostaw bez przykrycia na 10 do 15 minut, aż będą miękkie. Odcedź je i włóż z powrotem do garnka.

c) Ziemniaki rozgnieść i stopniowo dodawać mleko. Wymieszaj w nim pieprz, sól, paprykę i ser.

77. Dwukolorowe Pieczone Słodkie Ziemniaki

Robi: 12

SKŁADNIKI:
- Sól (podzielona) 1½ łyżeczki
- Świeży szczypiorek (posiekany i podzielony) 4 łyżki Ser Cheddar (rozdrobniony) ¾ szklanki 2% mleka 1/3 szklanki
- Śmietana (podzielona) 2/3 szklanki
- Słodkie ziemniaki, średnie 6
- Ziemniaki Russet, średnie 6

INSTRUKCJE:
a) Do 400 stopni F, rozgrzej piekarnik. Wyszoruj słodkie ziemniaki i rdzawe; użyj widelca, aby przebić je kilka razy. Ułożyć w wyłożonych folią foremkach (15×10×1).
b) Piecz przez 1 godzinę do 1 godziny 10 minut, aż będą miękkie. Zmniejsz ustawienia piekarnika do 350 stopni F.
c) Gdy ostygnie na tyle, aby trzymać rączkę, pokrój wszystkie rudawe ziemniaki o jedną trzecią od góry. Odrzuć wszystkie wierzchołki i uratuj pozostałe.
d) Wydrąż miąższ i zostaw muszle o grubości zaledwie ½ cala. Weź miskę, rozgnieć miąższ, dodaj 1/3 szklanki kwaśnej śmietany, ¾ łyżeczki soli, 2 łyżki ulubionego sera i mleka.
e) Nałóż mieszankę rudawych ziemniaków na połowę każdej skórki i rdzawego batata.
f) Przełóż mieszankę słodkich ziemniaków do drugiej połowy. Przełóż z powrotem na patelnię.
g) Piec przez 15 do 20 minut, aż się odpowiednio nagrzeje.

78. Zapiekanka ze słodkich ziemniaków z chili

Porcje: 6 porcji

SKŁADNIKI:

- 2 puszki (10 uncji) łagodnego sosu enchilada (2 filiżanki)
- 1 szklanka wody
- 2 duże czosnek
- Goździki; zmielone i zmiksowane na pastę
- 5 dużych batatów; (około 3 1/2 funta)
- 1⅓ szklanki grubo startego sera Monterey Jack; (około 6 uncji)

INSTRUKCJE:

a) Rozgrzej piekarnik do 375F. W dużym rondlu dusić sos enchilada, wodę i czosnek z solą do smaku, mieszając od czasu do czasu, 5 minut.

b) Ziemniaki obrać i pokroić w poprzek w plastry o grubości ⅛ cala. W 3-kwartowym zapiekance lub płytkim naczyniu do pieczenia ułóż jedną czwartą ziemniaków w koncentrycznych kręgach, lekko zachodząc na siebie, i posyp ⅓ szklanki sera. Kontynuuj układanie warstw pozostałych ziemniaków i sera w ten sam sposób, kończąc na serze.

c) Powoli polej sosem ziemniaki, pozwalając, aby przesiąkał między warstwami, i piecz zapiekankę w płytkim naczyniu do pieczenia (może bulgotać) na środku piekarnika przez 1 godzinę lub do miękkości ziemniaków.

d) Zapiekankę można zrobić 2 dni wcześniej i schłodzić pod przykryciem.

e) Ponownie podgrzać zapiekankę pod przykryciem w piekarniku.

SAŁATKI

79. Sałatka z rukoli i słodkich ziemniaków

Robi: 4

SKŁADNIKI:
- 1 funt słodkich ziemniaków
- 1 szklanka orzechów włoskich
- 1 łyżka oliwy z oliwek
- 1 szklanka wody
- 1 łyżka sosu sojowego
- 3 szklanki rukoli

INSTRUKCJE:
a) Piecz ziemniaki w temperaturze 400 F do miękkości, wyjmij i odłóż na bok
b) W misce skropić orzechy włoskie oliwą z oliwek i wstawić do kuchenki mikrofalowej na 2-3 minuty lub do momentu, aż się zrumienią
c) W misce połącz wszystkie składniki sałatki i dobrze wymieszaj
d) Polewamy sosem sojowym i podajemy

80. Sałatka Z Jesieni

Wychodzi 4 porcje

SKŁADNIKI:
- 1 funt słodkich ziemniaków, obranych i pokrojonych w 1/2-calową kostkę
- 1 łyżka czystego syropu klonowego
- 1/2 łyżeczki musztardy Dijon
- 1/2 łyżeczki soli
- 2 łyżki octu jabłkowego
- 1/3 szklanki oleju z pestek winogron
- 1 dojrzała gruszka Bosc
- 1 chrupiące jabłko o czerwonej skórce, takie jak Red Delicious, Fuji lub Gala
- 2 żeberka selera, posiekane
- 1/2 szklanki prażonych orzechów włoskich lub pekan
- 1/4 szklanki słodzonej suszonej żurawiny
- 2 zielone cebule, posiekane

INSTRUKCJE:
a) W dużym garnku z wrzącą osoloną wodą gotuj słodkie ziemniaki do miękkości, około 20 minut. Dobrze odsączyć, przełożyć do dużej miski i odstawić.

b) W osobnej dużej misce połącz syrop klonowy, musztardę, sól i ocet. Ubij olej, aż dobrze się połączy. Odłożyć na bok.

c) Gruszkę i jabłko wydrążyć i pokroić w 1/2-calową kostkę. Dodaj je do miski z dressingiem i

d) wrzucić do płaszcza. Dodaj mieszankę gruszek i jabłek do słodkich ziemniaków. Dodaj seler, orzechy włoskie, żurawinę i zieloną cebulę. Delikatnie wymieszaj, aby połączyć i podawać.

81. Słodkie Ziemniaki I Brokuły Z Sosem Granatowym

Przepis na 4 do 6 porcji

SKŁADNIKI:
- 3 słodkie ziemniaki, nieobrane
- 2 szklanki lekko ugotowanych na parze różyczek brokułów
- 3 żeberka selera pokrojone w plastry o grubości 1/4 cala
- 4 zielone cebule, posiekane
- 2 łyżki posiekanej świeżej pietruszki
- 1/4 szklanki kremowego masła orzechowego
- 1 łyżeczka posiekanego świeżego imbiru
- 1/4 szklanki oleju z pestek winogron
- 1/4 szklanki świeżego soku z cytryny
- 1/2 łyżeczki cukru
- Sól i świeżo mielony czarny pieprz
- 1/4 szklanki pokruszonych niesolonych prażonych orzeszków ziemnych do dekoracji
- 2 łyżki świeżych pestek granatu lub 1/4 szklanki słodzonej suszonej żurawiny do dekoracji

INSTRUKCJE:
a) W dużym rondlu przynieś słodkie ziemniaki i tyle wody, aby się zagotowała na dużym ogniu.
b) Zmniejsz ogień do średniego i gotuj na wolnym ogniu, aż będzie miękki, ale nadal twardy, około 30 minut. Odcedź i ostudź, a następnie obierz je i pokrój na 1/2-calowe kawałki i przenieś do dużej miski. Dodaj brokuły, seler, zieloną cebulę i pietruszkę. Odłożyć na bok.
c) W małej misce wymieszaj masło orzechowe, imbir, olej, sok z cytryny, cukier oraz sól i pieprz do smaku. Sosem polać sałatkę i delikatnie wymieszać.
d) Udekoruj orzeszkami ziemnymi i pestkami granatu i podawaj.

82. Collard Zielona Sałatka Z Batatami

Sprawia: serwuje 6-8

Składniki

- 2 funty słodkich ziemniaków, obranych i pokrojonych w poprzek na plastry o grubości 1/2 cala
- 1/4 szklanki plus 2 łyżki. czerwony olej palmowy lub olej roślinny
- 1 łyżka. nasiona kminku
- 1 łyżka. liście tymianku
- 2 ząbki czosnku
- Sól koszerna i świeżo zmielony czarny pieprz
- 2 łyżki stołowe. świeży sok z limonki
- 1 łyżeczka. mielony imbir
- 1 funt Collard Greens, łodygi usunięte, liście cienko rozdrobnione (6 filiżanek)
- 2 uncje. kozi ser, pokruszony
- 1/4 szklanki prażonych, niesolonych orzechów nerkowca, grubo posiekanych

Kierunki

a) Rozgrzej piekarnik do 400°. Na wyłożonej brzegami blasze do pieczenia wrzuć plastry słodkich ziemniaków z 2 łyżkami oleju palmowego, kminkiem, tymiankiem i czosnkiem. Dopraw solą i pieprzem i upiecz słodkie ziemniaki, przewracając raz w połowie gotowania, aż uzyskasz złoty kolor, około 40 minut. Ziemniaki przełożyć na kratkę i ostudzić.

b) W międzyczasie w małej misce wymieszaj sok z limonki i imbir i odstaw na 10 minut, aby zmiękły. Ubij pozostałe 1/4 szklanki oleju palmowego do zemulgowania, a następnie dopraw winegret solą i pieprzem.

c) Aby podać, umieść kapustę w dużej misce i wymieszaj z 1 łyżką sosu, masując go przez około 5 minut. Przenieś warzywa na półmisek, ułóż na nich słodkie ziemniaki i posyp kozim serem i orzechami nerkowca.

d) Podawać z pozostałym dressingiem na boku.

83. Sałatka ze słodkich ziemniaków z migdałami

Robi: 6

SKŁADNIKI:
- 3 funty słodkich ziemniaków, obranych i pokrojonych na ¾-calowe kawałki
- 6 łyżek oliwy z oliwek z pierwszego tłoczenia, podzielone
- 2 łyżeczki soli kuchennej
- 3 szalotki, pokrojone w cienkie plasterki
- 3 łyżki soku z limonki (2 limonki)
- 1 jalapeño chile, bez łodygi, z nasionami i posiekane
- 1 łyżeczka mielonego kminku
- 1 łyżeczka wędzonej papryki
- 1 łyżeczka pieprzu
- 1 ząbek czosnku, posiekany
- ½ łyżeczki mielonego ziela angielskiego
- ½ szklanki świeżych liści i łodyg kolendry, grubo posiekanych
- ½ szklanki całych migdałów, uprażonych i posiekanych

INSTRUKCJE:
a) Ustaw stojak piekarnika na środkową pozycję i rozgrzej piekarnik do 450 stopni. Wymieszaj ziemniaki z 2 łyżkami oleju i solą, a następnie przenieś na wyłożoną brzegami blachę do pieczenia i rozłóż na równą warstwę. Piec, aż ziemniaki będą miękkie i dopiero zaczną się brązowieć, 30 do 40 minut, mieszając w połowie pieczenia. Pozostaw ziemniaki do ostygnięcia na 30 minut.

b) W międzyczasie w dużej misce połącz szalotki, sok z limonki, jalapeño, kminek, paprykę, pieprz, czosnek, ziele angielskie i pozostałe ¼ szklanki oleju. Dodaj kolendrę, migdały i ziemniaki i wymieszaj. Podawać.

84. Quinoa Sałatka Z Mango Z Puree Ziemniaczanym

Robi: 3

SKŁADNIKI:
1. 1 szklanka komosy ryżowej (jaglanej)
2. 1 szklanka rzodkiewek
3. 2 łyżki oliwy z oliwek
4. 2 łyżeczki soli
5. 1 łyżeczka czarnego pieprzu
6. Kilka liści jarmużu
7. ½ szklanki orzechów nerkowca
8. 5 mango, pokrojone
9. 2 Słodkie ziemniaki, pokrojone w kostkę
10. 1 łyżka soku z cytryny
11. 3 ząbki czosnku, zmiażdżone
12. ¼ awokado pokrojonego w kostkę

INSTRUKCJE:
a) Ustaw garnek instant na ustawienie smażenia
b) Wlać oliwę z oliwek i czosnek
c) Mieszaj przez około 2 minuty
d) Dodaj quinoa i mieszaj przez 5 minut
e) Dodać jarmuż i rzodkiewki, smażyć mieszając przez kolejne 3 minuty
f) Wyjmij to z garnka instant i umieść je w talerzach do serwowania
g) Do garnka instant wlej wodę
h) Dodaj ziemniaki, sól, sok z cytryny i czarny pieprz
i) Przykryj garnek instant i gotuj ziemniaki przez 5 minut
j) Rozgnieć ziemniaki i dodaj awokado i mango
k) Podawać z podsmażoną kapustą
l) Pamiętaj, aby być kreatywnym ze swoją metodą serwowania

85. Grillowana Sałatka Z Trzech Ziemniaków

Robi: 6

SKŁADNIKI:
- pieprz 1/4 łyżeczki
- Nasiona selera 1/2 łyżeczki
- Sól 1 łyżeczka
- Musztarda Dijon 1 łyżka
- Ocet z białego wina 3 łyżki
- Olej rzepakowy 1/4 szklanki
- Zielona cebula (pokrojona w cienkie plasterki) 1/szklanka
- Słodkie ziemniaki, średnie (obrane) 1
- Czerwone ziemniaki 1 ¾ szklanki
- Yukon złote ziemniaki 1 ¾ szklanki

INSTRUKCJE:

a) Umieść słodkiego ziemniaka i ziemniaki w holenderskim piekarniku; przykryj i gotuj na wolnym ogniu przez 15 do 20 minut, aż zmiękną.

b) Odcedź mieszaninę i ostudź. Pokrój go na kawałki o grubości 1 cala każdy.

c) Umieść mieszankę ziemniaków w koszu lub woku grillowym. Grilluj przez 10 do 12 minut na średnim ogniu, aż zbrązowieje. Mieszaj okresowo.

d) Przenieś mieszaninę do dużej miski sałatkowej; dodać cebulę.

e) Ubij pieprz, nasiona selera, sól, musztardę, ocet i olej.

f) Skrop mieszanką ziemniaków i dobrze wymieszaj, aby dobrze się pokryły.

g) Podawać w temperaturze pokojowej lub po prostu ciepłe.

86. Sałatka z pieczonych słodkich ziemniaków i szynki prosciutto

Robi: 8

SKŁADNIKI:
- Miód 1 łyżeczka
- Sok z cytryny 1 łyżka
- Zielona cebula (podzielona i pokrojona w plasterki) 2
- Słodka czerwona papryka (drobno posiekana) 1/4 szklanki
- Orzechy pekan (posiekane i prażone) 1/3 szklanki
- Rzodkiewki (pokrojone) 1/2 szklanki
- Prosciutto (cienkie plastry i pokrojone w julienne) 1/2 szklanki
- pieprz 1/8 łyżeczki
- 1/2 łyżeczki soli (podzielona)
- 4 łyżki oliwy z oliwek (podzielone)
- 3 Słodkie ziemniaki, średnie (obrane i pokrojone w 1-calową kostkę)

INSTRUKCJE:

a) Do 400 stopni F, rozgrzej piekarnik. Umieść słodkie ziemniaki w natłuszczonej blasze do pieczenia (15 x 10 x 1 cal).

b) Skropić 2 łyżkami oleju i posypać 1/4 łyżeczki soli i pieprzu i odpowiednio wymieszać. Piecz przez pół godziny, ale nadal okresowo.

c) Posyp prosciutto słodkimi ziemniakami i piecz przez 10 do 15 minut, aż słodkie ziemniaki będą miękkie, a prosciutto stanie się chrupiące.

d) Przenieś mieszaninę do dużej miski i pozwól jej nieco ostygnąć.

e) Dodaj połowę zielonej cebuli, czerwoną paprykę, orzechy pekan i rzodkiewki. Weź małą miskę, wymieszaj sól, pozostały olej, miód i sok z cytryny, aż dobrze się połączą.

f) Skrop nim sałatkę; dokładnie wymieszać, aby się połączyły. Posyp pozostałą zieloną cebulką.

87. Sałatka Z Pieczonych Warzyw I Polenty

Porcje: 4 porcje

Składniki
- 2 średnie słodkie ziemniaki, pokrojone na kawałki 3/4 cala
- 1 mała główka brokuła, posiekane różyczki i łodygi
- 1 mała czerwona cebula, pokrojona w kliny 3/4 cala
- 1 szklanka pomidorków koktajlowych lub winogronowych
- 5 łyżek oliwy extra vergine
- Sól koszerna i świeżo mielony pieprz
- 2 łyżki białego octu winnego
- 1 18-uncjowa tuba przygotowana polenta
- 12 dużych listków szałwii
- 1 5-uncjowe opakowanie mieszanych zielonych sałatek dla dzieci
- 2 uncje koziego sera

INSTRUKCJE:

a) Umieść obramowaną blachę do pieczenia na środku piekarnika i rozgrzej do 450° F. Połącz słodkie ziemniaki, brokuły, czerwoną cebulę i pomidory w misce. Dodaj 2 łyżki oliwy z oliwek, 3/4 łyżeczki soli i dużą ilość pieprzu; dobrze wrzucić. Rozłóż na gorącej patelni i piecz, mieszając raz lub dwa razy, aż warzywa się zrumienią, 25 do 30 minut. Skrop 1 łyżką octu, zeskrobując przyklejone kawałki z dna patelni.

b) W międzyczasie pokrój polentę na 1 1/2-calowe kawałki (około 24). Podgrzej jeszcze 2 łyżki oliwy z oliwek na dużej nieprzywierającej patelni na średnim ogniu. Dodaj liście szałwii i gotuj, aż będą chrupiące, od 1 do 2 minut. Przełożyć na papierowy ręcznik do odsączenia. Dodaj kawałki polenty do pozostałego oleju na patelni; doprawić solą i pieprzem. Gotuj, obracając od czasu do czasu, aż kawałki polenty łatwo wyjdą z patelni i będą złote i chrupiące, od 15 do 20 minut.

c) Wrzuć sałatę z pozostałą 1 łyżką oliwy z oliwek i octu oraz szczyptą soli i pieprzu. Podziel między płytkie miski. Równomiernie udekoruj ciepłymi pieczonymi warzywami i polentą oraz dodatkową oliwą z patelni. Pokrój kozi ser na kawałki i posyp nim sałatkę. Rozerwij smażoną szałwię i posyp po wierzchu.

88. Pieczone Słodkie Ziemniaki I Świeże Figi

SERWY 4
SKŁADNIKI
- 4 małe słodkie ziemniaki (łącznie 2¼ funta / 1 kg)
- 5 łyżek oliwy z oliwek
- 3 łyżki / 40 ml octu balsamicznego (można użyć komercyjnego, a nie premium)
- 1½ łyżki / 20 g bardzo drobnego cukru
- 12 zielonych cebul, przekrojonych wzdłuż na pół i pokrojonych w segmenty o boku 4 cm
- 1 czerwona papryczka chilli, cienko pokrojona
- 6 dojrzałych fig (łącznie 240 g), pokrojonych na ćwiartki
- 5 uncji / 150 g miękkiego sera koziego (opcjonalnie)
- Sól morska Maldon i świeżo zmielony czarny pieprz

INSTRUKCJE

a) Rozgrzej piekarnik do 475°F / 240°C.

b) Umyj słodkie ziemniaki, przekrój je wzdłuż na pół, a następnie pokrój każdą połówkę ponownie w podobny sposób na 3 długie kliny. Wymieszaj z 3 łyżkami oliwy z oliwek, 2 łyżeczkami soli i odrobiną czarnego pieprzu. Rozłóż kliny skórą do dołu na blasze do pieczenia i piecz przez około 25 minut, aż będą miękkie, ale nie papkowate. Wyjąć z piekarnika i pozostawić do ostygnięcia.

c) Aby zrobić balsamiczną redukcję, umieść ocet balsamiczny i cukier w małym rondlu. Doprowadzić do wrzenia, następnie zmniejszyć ogień i gotować na wolnym ogniu przez 2 do 4 minut, aż zgęstnieje. Pamiętaj, aby zdjąć patelnię z ognia, gdy ocet jest jeszcze bardziej płynny niż miód; będzie nadal gęstnieć w miarę stygnięcia. Wymieszaj kroplę wody przed podaniem, jeśli stanie się zbyt gęsta, aby mżawka.

d) Ułóż słodkie ziemniaki na półmisku. Podgrzej pozostały olej w średnim rondlu na średnim ogniu i dodaj zieloną cebulę i chili. Smaż przez 4 do 5 minut, często mieszając, aby nie spalić chili. Łyżka oleju, cebuli i chili na słodkich ziemniakach. Ułóż figi między kawałkami, a następnie skrop je balsamiczną redukcją. Podawać w temperaturze pokojowej. Pokrusz ser na wierzchu, jeśli używasz.

89. Sałatka Cezar z grzankami z batatów BBQ

Tworzy: 2

SKŁADNIKI:

SAŁATKA

- 1 porcja grillowanych grzanek ze słodkich ziemniaków
- 1 szklanka marchewki, rozdrobnionej
- 2 główki sałaty rzymskiej, opłukane, wysuszone, grubo posiekane
- 2 łyżki drożdży odżywczych
- 1 szklanka grubo posiekanej natki pietruszki

UBIERANIE SIĘ

- 1/2 szklanki zwykłego hummusu
- 4 ząbki czosnku, posiekane
- 1 1/2 łyżeczki ostrej musztardy
- 2 łyżki soku z cytryny
- 2 łyżeczki syropu klonowego
- 1 łyżeczka bulionu warzywnego
- 2 łyżeczki kaparów, posiekanych
- 2 łyżeczki soku z kaparów
- 1/2 łyżeczki skórki z cytryny

1 zdrowa szczypta soli morskiej

INSTRUKCJE:

a) Przygotuj dressing w misce do mieszania. Po prostu połącz hummus, czosnek, ostrą musztardę, skórkę i sok z cytryny, kapary, syrop klonowy, sok solankowy, sól i pieprz.

b) Wymieszaj, aby połączyć i dodaj trochę wody, aby rozrzedzić konsystencję i ułatwić nalewanie. Ubij mieszaninę, aż będzie kremowa i gładka.

c) Dopraw solą i pieprzem, skórką z cytryny dla wyrazistego cytrusowego smaku, sokiem dla kwaskowatości, czosnkiem dla smaku zing, kaparami dla smaku morskiego, musztardą dla przypraw, syropem klonowym dla słodyczy i bulionem warzywnym.

d) Przygotuj pozostałe składniki, które powinny zawierać sałatę rzymską, pietruszkę i startą marchewkę. Następnie przenieś wszystko do miski do serwowania i udekoruj słodkimi ziemniakami i drożdżami odżywczymi, jeśli chcesz.

e) Wmieszaj dressing, aby wszystko pokryło się smakiem. Podawaj i ciesz się!

90. Zielona sałatka ze słodkich ziemniaków i awokado

Tworzy: 1

SKŁADNIKI:
- Słodki ziemniak
- 1 duży ekologiczny słodki ziemniak
- 1 łyżka bulionu warzywnego
- 1 szczypta soli morskiej
- Ubieranie się
- 1/4 szklanki tahiny
- 1 łyżka syropu klonowego
- 2 łyżki soku z cytryny
- 1 szczypta soli morskiej
- Woda, do rozcieńczenia
- Sałatka
- 1 średnio dojrzałe awokado pokrojone w kostkę
- 5 filiżanek zieleni do wyboru
- 2 łyżki nasion konopi

INSTRUKCJE:
a) Rozgrzej piekarnik do 375 ° F. Przygotuj blachę do pieczenia z pergaminem.
b) Dodaj słodkie ziemniaki, a następnie wymieszaj z odrobiną bulionu warzywnego i solą. Rozłóż ziemniaki na równą warstwę.
c) Piecz przez 15 minut, przewracając, aby równomiernie się upiekły. Piecz przez kolejne 5-10 minut lub do momentu, aż ziemniaki będą miękkie i złocistobrązowe.
d) Za pomocą miski wymieszaj tahini, syrop klonowy, sok z cytryny i sól. Ubijaj do połączenia, a następnie dodawaj po trochu wody, aż uzyskasz półgęstą konsystencję.
e) Spróbuj i dostosuj smak w zależności od upodobań. Odłożyć na bok.
f) Złóż sałatkę w misce do serwowania, układając warstwy zieleni i posypując awokado i pieczonymi słodkimi ziemniakami.
g) Podawaj z dressingiem i opcjonalnie posyp nasionami konopi.

DESER

91. Ciasto Z Kurczaka Ze Słodkiego Ziemniaka

Porcje: 5 porcji

SKŁADNIKI:
- 1 cały krążek z kurczaka
- 3 duże słodkie ziemniaki
- 2 cebule
- 4 ząbki czosnku
- ½ szklanki sosu pomidorowego
- 1 szklanka ugotowanego puree z zielonego banana
- 1 łyżka smalcu
- 1 szklanka mleka
- Sól, pieprz czarny i cayenne, papryka, gałka muszkatołowa, kminek, curry

INSTRUKCJE:

a) Najpierw ugotuj pierś z kurczaka w wodzie. Przygotuj w szybkowarze i pozostaw na 20 minut od zagotowania.

b) Ugotuj kurczaka, przygotuj słodkie ziemniaki w wodzie, aby zrobić puree.

c) Zrób puree ziemniaczane z masłem i wlej mleko, aby uzyskać konsystencję, którą lubisz. Dopraw solą, czarnym pieprzem i gałką muszkatołową.

d) Teraz, gdy kurczak ostygnie, możesz zmiażdżyć wszystko, co małe.

e) W rondelku podsmażyć cebulę z minimalną ilością oleju. Dodaj czosnek, sos pomidorowy i kurczaka. Dobrze wymieszaj, jeśli to medium suche dodaje trochę wody. Idź włóż przyprawy: sól, czarny pieprz i cayenne, kminek, curry. Spróbuj sprawdzić, czy jest to dla Ciebie.

f) Jeśli już lubisz, jak było wspaniale. Ale jeśli chcesz uzyskać bardziej kremową konsystencję, puree z zielonego banana jest idealne, jeśli nie, możesz użyć mleka ze skrobią kukurydzianą.

g) Aby zmontować naczynie, odłóż smażonego kurczaka i udekoruj puree ziemniaczanym. Wstawić do piekarnika nagrzanego do 180°C na 20 minut.

92. Kokosowy budyń ze słodkich ziemniaków

KUCHNIA:KENIJSKA

Składniki(serwuje 6)
- 1 szklanka świeżo zmielonego kokosa
- ½ szklanki słodkich ziemniaków, gotowanych lub puree
- jajka
- ¾ szklanki cukru
- ¾ szklanki mleka
- ½ szklanki wody
- 4 łyżki stopionego masła
- ½ łyżeczki mieszanki przypraw
- ½ łyżeczki cynamonu

INSTRUKCJE:

a) Wymieszaj cukier, słodkie ziemniaki i kokos razem łyżką, aż będą gładkie. Dodać masło, mleko, wodę i dokładnie ubić. Ubijać jajkalekko, a następnie stopniowo ubijaj miksturę.

b) Dodaj przyprawy i cynamon. Kontynuuj bicie, aż będzie kremowe i bardzo gładkie. Wlać masę do wysmarowanej tłuszczem formy i piec przez 30 minut w gorącym piekarniku, aż uzyska złoty kolor. Możesz podawać na ciepło lub na zimno.

93. Ciasto ze słodkich ziemniaków

Porcje: 16 porcji

SKŁADNIKI:
- 1 ciasto pekanowe
- 1 placek ze słodkich ziemniaków lub placek dyniowy
- 2 ½ szklanki bitej śmietany
- 2 szklanki lodów maślano-pekanowych
- 1 szklanka sosu karmelowego

INSTRUKCJE:

a) Na dole zaczynam od słodkiego placka ziemniaczanego i skórki, która pomoże mu pozostać wytrzymałym.

b) Następna warstwa z lodami, a następnie bitą śmietaną. Jeśli chcesz, możesz dodać trochę karmelu na bitą śmietanę.

c) Następnie układam warstwy z kawałkami ciasta pecan.

d) Następnie powtórz z lodami i bitą śmietaną, a na wierzchu posyp karmelem i orzechami pekan.

94. Tiramisu ze słodkich ziemniaków

Porcje: 16 porcji

SKŁADNIKI
- 8 uncji serka mascarpone, zmiękczonego
- ½ szklanki cukru pudru plus jedna łyżka oddzielona
- ⅓ szklanki brązowego cukru zapakowane
- 15 uncji słodkich ziemniaków w syropie, odsączonych i rozgniecionych
- ½ łyżeczki mielonego cynamonu plus więcej do dekoracji
- ¼ łyżeczki mielonej gałki muszkatołowej
- 2 łyżki czystego ekstraktu waniliowego oddzielone
- 2 ½ szklanki świeżej bitej śmietany oddzielone
- ¼ szklanki ciepłej kawy
- 17,5 uncji biszkoptów
- 6 pokruszonych imbirów

INSTRUKCJE
WYKONYWANIE NAPEŁNIENIA:

a) Dodaj serek mascarpone i ½ szklanki cukru pudru oraz cały brązowy cukier do miksera stojącego i ubijaj do uzyskania gładkości.

b) Następnie dodaj puree ze słodkich ziemniaków, cynamon, gałkę muszkatołową i 1 łyżkę ekstraktu waniliowego i ubijaj, aż dobrze się połączy.

c) Na koniec dodaj 1 ½ szklanki bitej śmietany do mieszanki słodkich ziemniaków i odłóż na bok.

SKŁADANIE TIRAMISU:

d) Dodaj pozostałą łyżeczkę ekstraktu waniliowego do miski z kawą i wymieszaj.

e) Ułóż pełny rząd biszkoptów na dnie 9-calowej tortownicy.

f) Wlej ½ ciepłej mieszanki kawowej na biszkopty, aby je namoczyć.

g) Następnie weź połowę mieszanki słodkich ziemniaków i wygładź wierzch biszkoptów.

h) Następnie utwórz kolejną warstwę, powtarzając wszystkie kroki, zaczynając od dodania kolejnego rzędu biszkoptów, polania biszkoptów sosem kawowym, a na koniec dodania reszty mieszanki ze słodkich ziemniaków.

i) Na koniec weź pozostałą 1 szklankę bitej śmietany i ubij pozostałą łyżkę cukru pudru i rozsmaruj na wierzchu tiramisu.

j) Udekoruj wierzch tiramisu pokruszonymi imbirami na bitej śmietanie i odrobiną mielonego cynamonu.

k) Tortownicę wstawić do lodówki na co najmniej 4 godziny przed podaniem.

95. Chleb wiśniowo-słodki

Porcje: 1 porcja

SKŁADNIKI:
- 1¾ szklanki mąki
- 1 łyżeczka sody oczyszczonej
- 1 łyżeczka cynamonu
- 3 jajka
- ½ szklanki mleka
- ½ szklanki marca; wiśnie
- 1 puszka (15 uncji) słodkich ziemniaków; (lub ignamy) odsączone
- ¼ szklanki posiekanych orzechów pekan lub orzechów włoskich
- 1½ szklanki cukru
- ¼ łyżeczki soli
- 1 łyżeczka przyprawy do dyni
- ¾ szklanki oleju roślinnego
- ¼ szklanki rodzynek
- 1 łyżeczka wanilii

INSTRUKCJE:

a) Połączyć i wymieszać mąkę, cukier, sól, sodę, cynamon, przyprawę dyniową. Dodaj jajka, olej i mleko mieszając, aż będzie gładkie.

b) Zmiksuj słodkie ziemniaki, rodzynki, orzechy, wiśnie i wanilię.

c) Wlać do dobrze natłuszczonej formy do chleba, która została lekko posypana mąką. Piec około 1 godziny w 325 stopniach (sprawdź po 50 minutach), sprawdzając wkładając tester, aby upewnić się, że jest gotowy. Tester wyjdzie czysty.

96. Babeczki z żurawiną i słodkimi ziemniakami

Porcje: 12 porcji

SKŁADNIKI:
- 1½ szklanki mąki
- ½ szklanki) cukru
- 2 łyżeczki proszku do pieczenia
- ¾ łyżeczki soli
- ½ łyżeczki cynamonu
- ½ łyżeczki gałki muszkatołowej
- 1 duże jajko
- ½ szklanki mleka
- ½ szklanki Słodkie ziemniaki; tłuczony
- ¼ szklanki margaryny; stopiony
- 1 szklanka żurawiny

INSTRUKCJE:
a) Połącz suche składniki. Wymieszaj połączone mokre składniki z suchymi i mieszaj tylko do zwilżenia. Włożyć żurawinę.
b) Napełnij 12 wyłożonych papierem foremek na muffiny w około ⅔. Opcjonalnie posyp cukrem z cynamonem.
c) Piec w 375F przez 18-22 minut. Zdjąć z patelni do ostygnięcia.

97. Pudding ze słodkich ziemniaków

Sprawia, że: 1 porcja

SKŁADNIKI:
- 4 szklanki startych słodkich ziemniaków
- 1 szklanka syropu z trzciny cukrowej
- ½ szklanki) cukru
- 1 szklanka mleka
- ½ szklanki masła
- 3 jajka
- ½ szklanki posiekanych orzechów
- 1 szklanka rodzynek
- 1 łyżeczka cynamonu
- 1 łyżeczka ziela angielskiego
- ½ łyżeczki goździków

INSTRUKCJE:

a) Rozpuść masło na ciężkiej, żaroodpornej patelni. Wymieszaj wszystkie składniki razem.

b) Wlać mieszaninę do gorącej patelni z masłem, mieszać, aż się rozgrzeje.

c) Włóż patelnię do piekarnika nagrzanego do 350 stopni i upiecz.

d) Gdy skorupa wokół krawędzi i góry, obróć pod spodem i pozwól, aby skorupa ponownie się uformowała. Zrób to dwa razy, pozwalając ostatniemu pozostać na bokach i na górze, około 40 minut.

e) Podawać ze słodką śmietanką lub lodami.

NAPOJE

98. Sok Jabłkowy

Porcje: 2 Porcje

SKŁADNIKI:
- 1 słodki ziemniak
- ¼ łyżeczki przyprawy do piernika
- 2 jabłka
- 2 marchewki
- 2 pomarańcze

INSTRUKCJE:

a) Wydrąż jabłka. Zdejmij skórkę ze słodkich ziemniaków i pomarańczy. Marchewki obrać.

b) Włóż je do sokowirówki razem z przyprawami do ciasta dyniowego.

c) Wyciśnij sok ze wszystkich składników i wlej sok do kilku szklanek.

99. Koktajl proteinowy z ciasta ze słodkich ziemniaków

Składniki
- 2 miarki odżywki białkowej waniliowej
- 6 oz. mleko migdałowe
- ½ szklanki słodkich ziemniaków (już upieczonych, bez skórki)
- 1-5 kropli ekstraktu waniliowego
- 4 uncje woda (więcej dla cieńszego shake'a, mniej dla gęstszego shake'a)
- Kruszony lód
- Ciasto dyniowe Przypraw do smaku

Kierunki
a) Wrzuć wszystkie składniki do blendera na 30-60 sekund.

100. Koktajl ze słodkich ziemniaków

Składniki
- 1 słodki ziemniak, ugotowany i obrany
- ½ łyżeczki cynamonu
- 1/2 szklanki posiekanych migdałów
- 2 miarki białka serwatkowego (dowolny smak)
- 16 uncji. całe mleko

Kierunki
a) Wrzuć wszystkie składniki do blendera na 30-60 sekund.

WNIOSEK

Wypróbuj te przepisy na słodkie ziemniaki i zdobądź serca wszystkich członków swojej rodziny. Zapewniamy, że wszyscy będą chwalić twoje umiejętności gotowania, ponieważ będziesz im podawać tak pyszne i soczyste jedzenie. Możesz postępować zgodnie z tą prostą książką kucharską, jeśli tylko próbujesz przepisu lub nawet jeśli uczysz się konkretnego przepisu. Podawaj te dania na spotkaniu lub po prostu w domu; zawsze będzie warto i nigdy nie będziesz żałować, że zrobiłeś którykolwiek z tych przepisów.

Mamy nadzieję, że postępując zgodnie z instrukcjami, znajdziesz odpowiedzi na swoje pytanie, ponieważ staraliśmy się pomóc Ci na wszystkie możliwe sposoby. Nie możemy się doczekać, aż przygotujesz te przepisy dla swoich bliskich i przyjaciół. Niezależnie od tego, czy jesteś początkującym, czy profesjonalistą, ta książka kucharska zawsze będzie ci pomocna, a wskazówki zawarte w każdym przepisie ułatwią ci jego przestrzeganie.

Oto nadzieja, że masz szczęśliwe i zdrowe życie.

Ingram Content Group UK Ltd.
Milton Keynes UK
UKHW021149220623
423869UK00009B/55